소크라테스, 사랑이 뭔가요?

Was ist Liebe, Sokrates?
Die großen Philosophen über das schönste aller Gefühle
by Dr. Nora Kreft
Copyright © 2019 Piper Verlag GmbH, München/Berlin.

Korean Translation Copyright © 2021 by Yeamoon Archive Co., Ltd
Korean edition is published by arrangement with Piper Verlag GmbH, München/Berlin.
through BC Agency, Seoul

Was ist Liebe, Sokrates?

소크라테스, 사랑이 뭔가요?

노라 크레프트 지음 | **배명자** 옮김

사랑에 대한 철학자 8인의
까칠 발랄한 수다

Kant

Augustinus

Murdoch

Freud

Kierkegaard

Scheler

Beauvoir

에 담아카이브

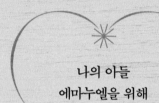

나의 아들
에마누엘을 위해

서문

　사랑은 종종 우리의 삶을 완전히 뒤바꿔놓는다. 사랑에 빠지면 평소대로 살기 어렵다. 사랑은 우리를 근본적으로 변화시키고, 욕망과 소망은 물론이고 인식까지도 바꿔놓는다. 사랑에 빠지면 새로운 초점에 주의가 집중되어, 다르게 보고 다르게 듣는다. 그래서 사랑을 막 시작했을 때 특히 혼란스럽고 힘겨울 수 있다. 모든 생각이 사랑하는 사람에게 온통 쏠리고, 그 사람으로부터 똑같이 사랑받기를 간절히 소망한다. 그리고 이런 갈망 때문에 처음뿐 아니라 사랑하는 내내 마음을 다칠 수 있다. 연인들은 결코 사랑에 익숙해지지 않는다. 다만 시간이 지남에 따라 상처를 덜 받을 뿐이다. 예를 들어 사랑했던 사람을 잃으면, 여느 때처럼 아침에 일어나 계속 살아가기가 쉽지 않다. 마치 사랑이 비로소 우리에게 죽음과 홀로된 삶의 의미를 가르치는 것 같다.

　사랑은 때때로 느닷없이 닥치고 때로는 아주 서서히 스며든다. 사랑

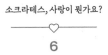

은 우리의 통제에서 벗어나 있다. 사랑은 우리의 결정에, 적어도 중요한 결정에 영향을 미치지만, 우리는 사랑 자체를 간단히 결정할 수가 없다. 사랑을 고백할지 말지를 결정하거나 사랑이 가져온 감정과 소망의 소용돌이를 무시하려 애쓸 수 있지만, 사랑할지 말지는 우리 손에 달려 있지 않다. 연인 간의 낭만적인 사랑뿐 아니라, 부모의 사랑, 형제자매의 우애, 친구와의 깊은 우정 등, 모든 사랑이 다 그렇다.

사랑이 우리를 그토록 변화시키고 상처를 주는데도 우리는 사랑을 통제할 수 없다. 그렇다면 어째서 우리는 그토록 사랑을 갈망할까? 사랑은 뭐가 그리 특별한 걸까? 왜 그토록 많은 사람이, 사랑을 못 하느니 차라리 불행한 게 낫다고 생각할까? 왜 우리는 수많은 노래에서 사랑을 말하고자 애쓸까? 사랑을 표현할 정확한 낱말을 찾기가 왜 그렇게 어려울까? 사랑할 때 우리는 왜 그토록 자주 실수를 저지르고, 그러면서도 계속 사랑하려 애쓸까?

이처럼 사랑은 아주 놀라운 현상이고, 인류의 시작과 함께, 아무튼 인간이 기록한 역사가 시작되면서 이미 함께했으니 철학자들 역시 줄곧 사랑에 대해 사색했을 터이다. 전 시대의 위대한 철학자들이 연인 간의 낭만적인 사랑, 부모의 사랑, 형제자매의 우애, 친구와의 깊은 우정에 어떤 공통점이 있는지, 이 모든 것을 '사랑'으로 묶는 것이 무엇인지 고민했다. 그리고 그 사색의 결과물을 기록했다. 문득 이런 상상을 해보았다. 전 시대의 철학 거장들이 시간을 거슬러 한자리에 모여 사랑에 관한 우리의 질문을 토론한다면, 정말 흥미롭지 않을까! 모두가 늘 궁금했던 근본적인 질문들은 물론이고, '지금 이 순간 아주 특별한 관심을 받는 주제와 현대 문화를 대변하는 주제들도 토론한다면? 사랑, 데이팅 앱, 인공지능 등등.

　나는 이런 상상을 총 10장에 걸쳐 펼칠 예정이다. 쾨니히스베르크, 그러니까 오늘날 칼리닌그라드에 있는 임마누엘 칸트의 집에 8인의 철학 거장이 모였다. 다양한 시대에서 온 역사적 실존 인물로, 사랑학에 막대한 공헌을 한 철학자들이다. 고대 그리스의 소크라테스, 고대 말 중세 초의 아우구스티누스, 18세기의 임마누엘 칸트, 19세기의 쇠렌 키르케고르, 20세기 전반기의 지그문트 프로이트와 막스 셸러, 20세기 후반기의 시몬 드 보부아르와 아이리스 머독. 이들은 임마누엘 칸트의 주선으로 한자리에 모였다. 임마누엘 칸트는 예전에도 종종 이들을 초대하곤 했다. 하지만 언젠가부터 무슨 이유에서인지 연락이 딱 끊겼다. 마침내 이제 그가 잠적을 끝내고 다시 나타나 철학 거장들과 사랑에 관해 얘기를 나누고자 한다. 18세기의 임마누엘 칸트는 사랑의 도덕성을 의심했었다. 이 책의 임마누엘 칸트는 이제 다시 한번 이 주제를 제시하고, 토론에 초대된 철학 거장들이 한 마디씩 거든다.

　이들은 당연히 온갖 주제를 토론한다. 사랑이란 무엇인가, 사랑에 이유가 있을까, 연인들은 애인을 대체 불가하다고 여기고 비슷하거나

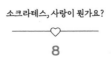

'더 나은' 다른 사람으로 간단히 대체하지 않는데, 그것을 어떻게 설명할 수 있을까, 사랑과 호르몬은 어떤 관련이 있을까, 인간과 로봇의 사랑이 가능할까, 섹스로봇은 인간에게 어떤 영향을 미칠까, 사랑과 자율은 서로 제한할까 아니면 서로에게 날개를 달아줄까, 사랑은 왜 우리를 행복하게 만들까(때로는 끔찍할 만큼 불행하게 만들까), 사랑에도 권리라는 게 있을까, 사랑을 연습할 수 있을까, 사랑의 알약은 어떻게 작용할까, 데이팅 앱을 어떻게 평가해야 할까 등등. 한자리에 모인 철학 거장들은 이렇듯 시대를 타지 않는 영원한 주제들과 우리 시대의 최신 주제들 사이를 자유롭게 넘나든다.

한자리에 모인 철학 거장 여덟 명의 발언이 모두 역사적 사실과 일치할 수만은 없다. 무엇보다 섹스로봇과 데이팅 앱의 경우, 그들은 그 주제에 대해 제대로 깊이 사색할 기회가 없었기 때문이다. 또한 토론에서 자주 그렇듯, 이 책의 철학 거장들 역시 때때로 자신의 의견을 바꾸기도 한다. 기존에 갖고 있던 각자의 입장에서 출발하지만, 다른 사람의 반대 의견이 설득력을 갖추면 기꺼이 그 의견을 받아들인다. 그래서 그들의 토론은 이따금 완전히 새로운 길로 들어선다.

그들의 토론을 읽으며 함께 사색하고 토론에 동참하고 싶어지기를 바란다. 오늘날의 사랑학은 무엇보다 함께 사색할 사람이 다급하게 필요하기 때문이다. 사랑학은 상대적으로 역사가 짧다. 사랑학은 최근에야 비로소 주목받기 시작했고, 매우 혁신적인 새로운 연구들이 아주 다양하게 진행되고 있다. 그중 몇 가지를 우리의 철학 거장들이 세밀하게 토론할 것이다. 우리는 정치적으로 혼란스러운 시대에 있고, 그래서 사랑이라는 주제가 더욱 중요하다. 사랑은 비록 특정 인물 한 명에게 고유한 방식으로 강렬하게 끌리면서 시작되지만, 또한 모든 인간이 근본적으로 대체 불가한 고유한 존재라는 사실을 일깨운다. 우리의 정의감도 일깨우며 모든 가능한 힘을 발휘하게 만든다. 사랑하는 사람들은 창의적이고 쉽게 포기하지 않는다. 우리는 그 힘을 유익하게 활용하여 우리 시대의 큰 과제를 수행해야 한다.

철학과 사랑은 때로 대립한다. 사랑은 순수한 감정이므로, 깊은 사색과는 거리가 멀어 보인다. 그러나 감정이란 그 자체로 세상에 대한 응축된 사색이다. 사랑은 우리에게 영감을 주어 사색하게 만든다. 플라톤의 대화편 《파이드로스》에서 소크라테스가 설명했듯이, 누군가를 사랑한다는 것은 지혜를 사랑하는 것이며, 결국 그 사람과 철학을 한다는 뜻이다. 철학에는 사랑이라는 동력이 필요하다. 다른 사람을 사랑해야 비로소 지혜에 대한 우리의 사랑도 펼쳐지기 때문이다. 소크라테스의 말이 옳다면, 사랑은 그저 중요한 철학 주제 가운데 하나가 아니라, 사랑과 철학은 서로 의존한다. 사랑은 철학 안에서 드러나고, 철학은 사랑이 없으면 시작될 수 없다. 누군가를 사랑하지 않으면 철학할 수 없다.

이것은 당연히 간단한 명제가 아니다. 이 명제를 제대로 이해하려면 더 상세한 연구가 필요하다. 그럼에도 나는 이 명제가 어느 정도 진실을 표현한다고 믿는다. 사랑은 자기 자신과 세상을 이해하고자 하는 인간의 욕구와 긴밀하게 연결되어 있다. 연인들은 어떻게 살아야 하고, 무엇을 믿어야 하며, 무엇을 소망해도 되는지를 애인과 함께 깊이 생각하고 싶어 한다. 설령 이런 욕구가 늘 의식적으로 명료하게 드러나는 건 아니지만 말이다. 그러므로 이 책에서 철학의 거장 8인과 함께 사색하고 토론하는 과정은, 그 자체로 우정의 표현이자 사랑의 실천일 것이다.

노라 크레프트

contents

토론자 명단

소크라테스
Socrates

기원전 469년에 아테네에서 태어나 생애 대부분을 아테네 시장에서 보내며 행인들과 철학 토론을 벌였다. 인간은 어떻게 살아야 하는가에 특히 관심을 두었고, 성찰하지 않는 삶은 살 가치가 없다고 설파했다. 그는 자신이 아무것도 모른다고 강조했다. 이렇듯 자신의 무지를 깨달은 덕분에, 델피 신전의 오라클은 소크라테스를 가장 지혜로운 사람으로 인정했다. 신들을 모독하고 젊은이들을 타락으로 이끌었다는 죄목으로 기원전 399년에 사형 선고를 받고 독배를 마셨다. 크산티페와 결혼하여 자녀 여럿을 두었다.

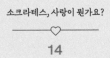

소크라테스의 가장 유명한 제자인 플라톤은 기원전 399년의 사건 이후 스승을 주인공으로 하여 이른바 철학 대화를 기록하기 시작했다. 이 세 편의 대화는 주로 사랑을 다룬다. 초기 대화편《뤼시스》에서 소크라테스는 두 젊은이의 우정과 부모와의 관계에 대해 이야기한다. 《향연》에서는 비극작가 아가톤이 등장하고, 여러 유명한 지성인이 사랑의 신 '에로스'에 대해 이야기한다. 《파이드로스》에서는 소크라테스와 미소년 파이드로스가 대화를 나누는데, 사랑하는 사람들에게 과연 사랑이 긍정적일지 부정적일지를 다룬다. 다른 사람을 사랑하는 동인은 지혜에 대한 갈망이라는 주장이 되풀이된다.

아우구스티누스
Aurelius Augustinus

354년에 오늘날 알제리에 속하는 작은 도시 타가스테에서 태어났다. 긴 기도문이자 자서전인《고백록》은 두 부분으로 구성된다. 1부에서는 386년 그리스도교로 개종하기 전까지의 삶, 즉 출세를 위해 열심히 바쁘게 살았던 지성인의 삶과 내면의 철학적 결핍에 대해 기술

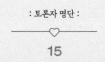

했다. 2부에서는 '시간이란 무엇인가?' '나는 어떻게 나 자신을 인식하고 신을 인식하며 그 둘은 어떤 관련이 있나?' 같은 철학적 질문들을 다룬다. 396년에 히포의 주교가 되었고, 430년 사망할 때까지 주교로 활동했다. 사랑은 그의 수많은 저서에서 되풀이되는 중심 주제이다. 그는 어째서 신이 사랑인지, 신과 이웃을 사랑한다는 것이 무슨 의미인지, 이런 사랑이 우정이나 에로스와 어떻게 다른지를 연구한다. 그가 남긴 대표적인 명언이 있다. "사랑하라. 그리고 하고 싶은 것을 하라!" 그리스도교 개종 이전에 사랑하는 한 여인과 여러 해를 같이 살았고 사이에 아들을 한 명 두었다.

임마누엘 칸트
Immanuel Kant

1724년에 쾨니히스베르크에서 태어나 1804년 사망할 때까지 단 한 번도 그 도시를 떠난 적이 없다. 3대 비판서 《순수이성 비판》《실천이성 비판》《판단력 비판》은 철학사에서 가장 중요한 걸작으로, 철학의 '코페르니쿠스적 전환'이라 평가된다. 그는 놀라울 정도로 사랑에 관

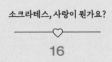

해 거의 쓰지 않았는데, 사랑의 도덕성을 의심했던 것 같다. 몇몇 글에서 그는 연인들의 독점적 사랑을 '완전히 병적'이라고 표현하면서, 도덕적 행위의 동인으로 보기 어렵다고 평가했다. 그러나 후기 저술에서는 사랑의 도덕성을 갑자기 더 긍정적으로 본다. 혹시 그사이에 의견이 바뀌었을까? 흥미로운 질문이 될 듯하다. 평생 독신이었고 자식도 없었지만 친구들을 자주 집으로 초대하여 함께 포도주를 마셨다.

쇠렌 키르케고르
Søren Kierkegaard

1813년 코펜하겐에서 태어났다. 그의 수많은 철학서는 문학을 기반으로 한다. 이를테면 허구의 인물들이 내적 독백을 하고, 설명하고, 논쟁하고, 편지를 주고받는다. 그러나 사랑만을 주제로 다룬 《사랑의 행위》는 다른 '가명' 작품들과 달리 자신의 이름으로 출판했고 문학적 요소도 덜어냈다. 이 책은 기독교적 사랑인 아가페와 영원 그리고 사랑이 지닌 변화의 힘을 다룬다. 그러나 또한 시민계급의 혼인과 오로지 성적인 사랑만을 중시하는 관계를 비판하기도 한다. 성적인 사랑,

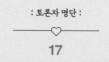

에로틱만 중시하는 관계에서는 열정에 사로잡히고 종종 자기중심적이 되어, 진정한 사랑이 날개를 펴지 못한다고 생각했다. 어쩌면 이런 생각 때문에 레기네 올센과의 약혼을 깼고, 두 사람 모두 깊은 슬픔에 잠길 수밖에 없었을 터이다. 레기네와 파혼한 이후 누구와도 연인 관계를 맺지 않았다. 1855년 너무나 젊은 나이에 뇌졸중으로 사망했다.

지그문트 프로이트
Sigmund Freud

1856년 오늘날 체코에 있는 프라이베르크에서 태어나 오스트리아 빈에서 살았다. 신경학자이자 정신분석학의 창시자이다. 정신분석학은 정신병 치료법으로, 무의식적인 욕구와 생각을 찾아내 그 힘을 제거함으로써 병을 고친다. '무의식' '투영' '억압' '승화' 같은 심리학 주요 용어들이 그에게서 비롯되었다. 《성욕에 관한 세 편의 에세이》에서 그는 리비도(성 충동)야말로 인간 행위의 핵심 동인이라고 주장한다. 그러나 후기 저서인 《쾌락 원리의 저편》에서는 리비도를 순수한 쾌락추구가 아니라 삶, 발전, 이해에 대한 욕구로 설명하며 '에로스'라고 했다. 사랑에의 충동인 '에로스' 이외에 비슷하게 강렬한 욕구가 하나 더 있는데, 바로 죽음에의 충동이다. 1938년 가족과 함께 나치를 피해 빈을 떠나 런던으로 탈출했으나 그곳에서 단 1년 뒤에 사망했다. 아내 마르타 베르나이스 사이에 자식이 여섯 명인데, 마찬가지로 정신분석학자인 딸 안나 프로이트와 특히 친밀했다.

막스 셸러
Max Scheler

1874년 뮌헨에서 태어났고, 쾰른에서 철학, 사회학 교수로 재직했다. 《공감의 본질과 형식》에서 그는 감정의 보조로써 인식할 수 있는 객관적인 가치가 있다고 주장한다. 그가 말하는 사랑은 사랑하는 사람의 가치를 단순히 인식하는 게 아니라, 사랑하는 사람에게 이미 있었으나 아직 실현되지 않은 더 높은 가치로 이끄는 힘이다. 이런 더 높은 가치를 실현하도록 사랑이 돕는다는 것이다. 사랑과 증오를 인간 행위의 근본적인 동인으로 본다. 1916년에 유대교에서 가톨릭교회로 개종했으나, 여러 번 결혼했기 때문에 가톨릭교회로부터 비판을

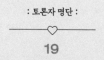

받아 결국 다시 가톨릭교회를 멀리했다. 아들이 한 명 있다. 1928년
프랑크푸르트에서 젊은 나이로 사망했다.

시몬 드 보부아르
Simone de Beauvoir

　1908년 파리에서 태어났다. 소르본대학과 에콜 노르말 고등사범학
교를 우수한 성적으로 졸업한 뒤 교사, 프리랜서 작가, 실존주의 철학
자로 활동했다. 《제2의 성》은 특히 부권사회에서 사랑이 여성에게 가
할 수 있는 위험을 다룬다. 여자들은 부권사회에서 재능을 맘껏 펼칠
수 없어, 좌절에서 벗어나는 탈출구를 사랑에서 찾았다. 여자들은 부
권사회에서 자유롭게 생각하고 살아갈 수 있는 남자에게 의존하여,
자신의 이야기를 그 남자에게 쓰도록 한다. 그러므로 여성은 분명, 전
통적인 관계를 거부하고 모든 장애에 맞서 자신의 고유한 독립성을
주장하는 편이 더 낫다. 그래서 보부아르는 결혼을 거부하고 인생의
동반자인 장폴 사르트르와 이른바 '열린 계약 결혼' 상태를 유지했다.
1986년에 사망하여 사르트르 곁에 묻혔다.

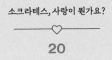

아이리스 머독
Iris Murdoch

1919년 더블린에서 태어났다. 옥스퍼드대학에서 엘리자베스 안스콤과 필리파 풋 등, 다른 여성 철학자와 함께 철학을 공부했다. 동료들과 달리 철학 논문뿐 아니라 무엇보다 소설로 이름을 알렸다. 아이리스 머독의 중요한 철학적, 문학적 주제가 바로 사랑이다. '뚱뚱하고 잔인한 자아'가 베일로 우리의 눈을 가려 다른 사람을 올바로 보지 못하게 막는데, 사랑이 이 베일을 벗겨낸다. 사랑이란, 사랑하는 사람을 올바로 보고 올바르게 대하는 것이다. 우리는 예술작품에 심취함으로써 'unselfing', 곧 '자아벗기'를 연습할 수 있다. 1999년 머독이 사망한 이후 남편 존 베일리가 아내의 말년을 기록한 회고록이 2001년 영화로 만들어졌다. 아이리스 머독은 존 베일리와 열린 관계를 유지했고 여러 남녀를 열정적으로 사랑했다.

Freud

Augustinus

Beauvoir

Socrates

◆ Kant ◆

Scheler

Murdoch

Kierkegaard

사랑 토론회: 쾨니히스베르크에 오신 걸 환영합니다

토론 주최자 임마누엘 칸트의 환영 인사

'사랑 얘기를 해보자고? 오랜만에 만나서 웬 사랑 타령이지? 흠….'

아이리스는 이렇게 생각하며 침대 옆 책꽂이에 꽂힌 책 제목들을 후 루룩 훑은 뒤, 임마누엘이 세면대 옆에 던져놓은 수건을 천천히 갰다. 창밖으로 정원이 내다보였다. 벌거벗은 나뭇가지가 바람에 흔들리고, 마구잡이로 자란 덤불이 생쥐와 고슴도치에게 보금자리가 되어주었 다. 작은 새들이 추위에 떨며 깃털을 잔뜩 곤두세우고 이리저리 폴짝 거린다.

"어서들 와요!"

밑에서 큰 소리가 들렸다. 아이리스는 얼른 달려나가 계단 난간을 잡고 허리를 숙였다. 난간 밑으로 임마누엘이 보였다. 방금 도착한 손

: 1장 :

님들의 외투를 받아주고 있다.

"이렇게들 와줘서 고마워요!" 그가 큰소리로 인사했고, 고급스러운 정장에 금테 안경을 쓴 신사가 쾌활하게 대꾸했다.

"우리가 여기로 오지 않으면, 모임 자체가 열리질 않으니 어쩌겠습니까!" 임마누엘은 약간 어색하게 웃으며 이 말에 뭔가 반박하려다 이내 마음을 바꿔 그냥 계단을 올랐다. 정장 차림의 남자는, 다리를 절며 힘겹게 계단을 오르는 또 다른 손님을 부축하며 임마누엘의 뒤를 따랐다.

이들 뒤로 키다리 남자 한 명이 황급히 들어섰다. 추위에도 이마에 땀방울이 송글송글 맺혀 있다. 그는 초대장을 내보이며 숨을 몰아쉬었다.

"찾아오는 길 안내가 너무 간략해서 중간에 길을 잃고 좀 헤맸지 뭡니까. 쾨니히스베르크는 완전 처음이라!" 키다리 남자가 다급하게 열어젖힌 현관문에 뒤따르던 여자가 얼굴을 부딪칠 뻔했지만, 다행히 아슬아슬하게 옆으로 비켜선 덕분에 정면충돌은 피할 수 있었다.

"막스, 좀 조심해요!" 여자가 툴툴대며 흐트러진 머리 스카프를 고쳐 맸다.

"시몬!" 아이리스가 위에서 외쳤다. 시몬은 아이리스를 올려다보며 손을 흔들었다.

"소크라테스는 아직인가?" 부축을 받으며 힘겹게 계단을 오르던 남

자가 중간에 멈춰 서서 가쁜 숨을 고르며 물었다.

"벌써 도착해 식탁에서 기다리고 있어요." 임마누엘이 대답하자마자, 아이리스는 누구보다 먼저 소크라테스를 만나기 위해 얼른 방에서 스웨터를 꺼내 들고 계단을 뛰어 내려갔다.

소크라테스는 커다란 천을 몸에 두른 차림으로 문을 등지고 서서 한쪽 다리로 균형을 잡고 있었다. 살금살금 다가가 소크라테스의 어깨를 톡톡 치려던 순간, 아이리스는 그만 웃음이 먼저 터지고 말았다. 소크라테스가 재빨리 돌아섰다.

"아이리스, 자네로군!" 둘은 반갑게 포옹을 나눴고, 다른 손님들도 뒤이어 줄줄이 식당으로 들어섰다.

막스는 들어오자마자 의자에 털썩 주저앉아 다리를 쭉 뻗었다. 시몬은 아이리스와 소크라테스 쪽에 합류하여 주머니에서 성냥을 꺼냈다. 아이리스가 얼른 창문을 활짝 열었고, 두 사람은 담배 한 대를 나눠 피웠다. 시몬이 몇 모금, 아이리스가 몇 모금.

"보여주려고 가져온 게 있어." 시몬이 아이리스에게 작은 공책을 건넸다. '사랑의 정치'라고 써 있다.

"한번 읽어봐." 시몬이 말하고 연기를 길게 내뿜었다. "초고야."

아이리스가 호기심 가득한 눈으로 읽기 시작했다.

임마누엘은 각 자리에 토론 자료와 커피잔을 놓은 뒤, 모두 자리에 앉아달라고 청했다. 손님들이 둥글게 모여 앉아 서로 악수를 나누고

가방에서 필기구를 꺼내는 동안, 테이블 끝에 앉았던 임마누엘이 자리에서 일어나 숨을 크게 들이쉬고 환영 인사를 막 시작하려는데, 비쩍 마른 남자가 불쑥 들어와 서둘러 빈자리를 찾았다.

"어서 와요, 쇠렌."

임마누엘이 정중하게 허리 숙여 인사했지만, 쇠렌은 고개를 푹 숙인 채 빠르게 웅얼거렸다.

"안녕하세요. 고맙습니다." 쇠렌은 시몬과 막스 사이의 구석 자리로 가서 앉았다. 그때 수첩이 손에서 미끄러졌고, 쇠렌은 다급하게 수첩을 집어 앞에 놓인 종이 더미 밑에 얼른 밀어 넣었다.

"쾨니히스베르크에 오신 걸 환영합니다. 다들 바쁘신데도 이렇게 사랑 토론회에 참석해주셔서 대단히 감사합니다!" 마침내 임마누엘이 환영 인사를 시작했다.

"갑작스러운 초대였는데도 모두 흔쾌히 응해주셔서 정말 기쁘고 영광으로 생각합니다. 오랫동안 손님이 없었던 터라 접시에 먼지가 다쌓일 지경이었죠. 하하하. 여러분의 목소리를 이렇게 가까이에서 들으니 더할 나위 없이 기쁩니다. 부디 오래오래 머물러주십시오! 어차피 오늘의 주제인 사랑을 토론하려면 아주 긴긴 시간이 필요할 겁니다. 여러분은 분명 사랑에 대해 많은 걸 알고 있겠지만, 제게는 매우 낯선 주제입니다. 혹여 제가 더러 못 알아듣거나 빨리빨리 이해하지 못하더라도 너그럽게 이해해주시기 바랍니다.

아이리스가 빠르게 끄적였다.

'오랜만이에요, 아우구스티누스.'

'오랜만이군. 그래서?'

'?'

'이게 다 무슨 일이냐고!'

'소크라테스한테 물어보세요.'

'소크라테스한테? 왜?'

'우리보다 많이 알 거예요. 임마누엘이 소크라테스한테는 가끔 편지
를 보냈었거든요.'

아우구스티누스는 물러서지 않았다.

'의심이 생긴 건가? '사랑=병'이라든가 뭐 그런?'

'몰라요! 소크라테스한테 물어보시라니까요. 곧 듣게 되겠죠.'

아이리스는 쪽지를 단호하게 돌려주고 살짝 등을 돌려, 비밀 대화를
끝내겠다는 의사를 명확히 했다. 임마누엘은 그사이 점심 식사에 대
해 설명하기 시작했다.

"…1시쯤 점심을 먹고, 저녁은 조금 일찍 6시쯤 시작했으면 합니다.
모두 동의하신다면요! 물론 중간중간에 쉬는 시간도 짧게나마 가질
겁니다. 제일 먼저 소크라테스의 강연이 있을 예정입니다. 그러기로
이미 약속했습니다. 소크라테스에게 발언권을 넘기기 전에, 먼저 각
자 자기소개하는 시간을 잠시 가졌으면 합니다. 이 자리에 모인 모두

가 서로 개인적으로 잘 아는 사이는 아니니까요. 자, 일단 제가 누군 지는 다들 아시죠? 임마누엘입니다. 임마누엘 칸트….”

몇몇이 싱긋이 웃으며 오래전에 이곳에서 열렸던 축제를 어렴풋이 떠올렸다. 그날 이후 임마누엘은 갑자기 잠적해버렸고, 사람들은 헛되이 그의 초대를 기다렸더랬다. 기다림이 길어질수록 예전의 축제는 점점 더 미화되었다. 기다림이 거의 망각으로 넘어갈 때쯤 그들은 '마침내' 임마누엘의 초대장을 우편함에서 꺼내 들 수 있었다.

그들의 기억이 현재와 섞이는 동안, 임마누엘은 소개를 이어갔다.

“그다음 여기 제 바로 옆은 시몬 드 보부아르. 파리에서 온 철학자이자 작가입니다. 부권사회에서의 사랑에 대한 분석과 주체적 사랑이라는 개념으로 특히 유명합니다. 그 옆은 코펜하겐에서 온 쇠렌 키르케고르, 마찬가지로 철학자이자 작가입니다. 쇠렌, 그렇게 소개해도 되겠죠?”

쇠렌이 화들짝 놀라 고개를 들었고, 임마누엘은 빠르게 소개를 이어갔다.

“쇠렌은 에로틱한 사랑을 비판하고 사랑과 영원의 관계를 연구합니다. 쇠렌 옆은 막스 셸러. 뮌헨에서 온 철학자이자 사회학자입니다. 막스는 사랑을 단순한 가치판단으로 보지 않고, 가치로 이끄는 동인이라고 주장합니다. 우리는 앞으로 그 부분에 대해서도 토론하게 될 겁니다. 자, 그리고 드디어 우리의 아우구스티누스! 철학자이자 가톨릭교회의 성인이죠. '사랑하라. 그리고 하고 싶은 것을 하라!' 이 명언을 남긴 사람이 바로 아우구스티누스입니다. 바라건대, 토론을 마칠 때쯤에는 이 명언의 뜻을 더 명확히 이해할 수 있겠지요? 다음은 아이리스 머독. 옥스퍼드에서 온 철학자이자 작가입니다. 아이리스는 사랑을 특정 형식의 '시선'으로 이해합니다. 이제 지그문트 프로이트 차례네요. 빈에서 온 의사이자 정신분석학자이자 철학자입니다. 그에게서 우리는 사랑과 쾌락의 연관성을 배우게 될 것입니다.

그리고 마지막으로 아테네에서 온 소크라테스. 멋진 강연으로 오늘의 토론을 열어줄 것입니다. 소크라테스, 이제 강연을 시작해주세요. 강연을 즐기지 않는다는 거, 잘 압니다. 그래서 더욱 감사드립니다. 소크라테스의 강연이 끝나면 곧바로 토론을 시작하도록 합시다! 소크라테스, 사랑이 뭘까요? 어째서 이 주제에 그토록 관심이 많은가요?"

임마누엘은 마침내 연단에서 내려와 시몬의 오른쪽, 테이블 끝자리에 앉았다.

Freud

Augustinus

Beauvoir

✦ Socrates ✦

Kant

Scheler

Murdoch

Kierkegaard

2장

사랑과 지혜의 연관성

소크라테스가 에로스와 아름다움
그리고 지혜와의 연관성을 설명한다

소크라테스는 엉덩이와 머리를 번갈아가며 앞뒤로 살짝살짝 흔들었다. 그 바람에 몸에 두른 커다란 천이 어깨에서 흘러내렸다.

"사랑은 깨달은 거지입니다." 소크라테스가 시작했다.

"사랑은 창의적이고 부지런하고…" 그는 말을 하다 말고 잠시 생각에 잠겼다. 하지만 이내 고개를 젓고 털어놓듯 말했다.

"그런데 솔직히, 내가 사랑 전문가라며 이렇게 강연하는 게 좀 웃기지 않아? 나는 소크라테스야. 소크라테스는 '아무것도 모르는 자'이고. 그렇지?!" 그는 천장을 보며 조용히 웃었다.

"아주 기묘한 상황이 되어버렸어. 하기야 다 내 탓이지… 맞아, 맞아. 내가 이런 상황을 초래한 게 맞아. 다른 건 몰라도 사랑만큼은 잘 안다고 그렇게 떠들어대며 잘난 척을 했으니… 그러니 이제 그 대답을 내놓아야 하겠지." 소크라테스는 손바닥을 꾹꾹 눌러 긴장을 풀었다. 왼쪽 먼저, 그다음 오른쪽. 나머지 일곱 명은 살짝 긴장한 얼굴로 조용히 기다렸다.

"디오티마가 왔더라면 아주 좋았을 텐데…" 소크라테스가 마침내 입을 떼며, 바닥에 떨어진 천을 다시 주워 올렸다.

"강연 말고, 내가 젊었을 때 제자로서 디오티마와 토론했던 내용을 그냥 공유하면 어떨까 싶은데…"

"좋아요!" 아이리스가 외쳤다.

하지만 지그문트는 커피를 저으며 심드렁하게 물었다.

"디오티마는 왜요? 어차피 허구의 인물인데. 그냥 만들어낸 인물이잖습니까?"

여사제 디오티마는 플라톤의 《향연》에 나오는 인물이다. 플라톤은 소크라테스의 유명한 제자로, 소크라테스가 죽은 뒤에 철학적 대화를 집필했는데, 이 대화편에서 소크라테스가 주인공으로 등장한다. 《향연》에서 소크라테스는 디오티마를 자신의 철학 스승으로 소개하고, 디오티마와 나눴던 사랑과 욕망에 관한 토론을 전한다. 플라톤의 대화편에 등장하는 인물들은 대부분 역사적 실존 인물을 기반으로 하지만, 디오티마의 경우 실존 인물이냐 순수한 허구냐를 두고 논란이 많다.

천이 다시 어깨에서 흘러내렸지만, 소크라테스는 그냥 바닥에 떨어지도록 내버려두었다. 약간 화가 난 것 같았다.

"만들어낸 인물이라고?! 디오티마는 실존 인물이야! 완전히! 디오티마가 없었더라면 나는 철학을 시작할 수도 없었을 테고… 솔직히 자네들도 마찬가지 아닌가?" 소크라테스는 손뼉을 몇 번 쳤고, 갑자기 기분이 아주 좋아진 듯했다.

"디오티마가 내게 사랑이 뭐냐고 물으면서 모든 것이 시작되었지. 내가 두근대는 가슴과 잠 못 이루는 밤에 대해 더듬더듬 대답하자, 디오티마는 단호하게 내 말을 끊고 좀 더 논리적으로 말하라고 하더군. 바보 같은 '횡설수설'이 아니라, '근본적으로' 깊이 생각해야 한다면서. 실패를 거듭한 끝에 디오티마의 도움으로 한 단계 도약할 수 있었어. 디오티마의 말을 그대로 옮겨볼까? '뭔가를 사랑하는 사람은 그것을 원해요. 욕망이 없는 사랑은 존재하지 않죠. 그렇죠? 사랑은 일종의 욕망이라고 말해도 될 거예요. 그렇죠?' 이 말이 내게 큰 깨달음을 주었고, 지금도 여전히 깨달음을 주지. 자네들 생각은 어떤지 궁금하군."

아우구스티누스, 시몬, 지그문트가 고개를 끄덕였다. 하지만 다른 사람들은 회의적인 표정이었다. 막스가 뭔가를 말하려는 듯 숨을 크게 들이쉬었다. 그러나 임마누엘이 한 박자 빨랐다.

"어느 정도 타당한 주장인 것 같네요. 소크라테스, 일단 그렇다고 칩시다. 그래서 그다음 어떻게 됐죠?"

"나 역시 디오티마에게 그렇게 말했더니, 욕망의 대상과 우리의 관계에 관해 묻더군. 나는 질문이 너무 '추상적'이라며 한숨을 쉬었지. 그랬더니 무슨 대답이 그러냐며 놀리듯 말하고는 직접 답을 주더군. '우리는 아직 갖지 못했다고 여기는 대상만을 욕망해요. 소크라테스 당신은 이미 크산티페와 결혼했고 그것을 인지하고 있다면, 크산티페 와의 결혼을 더는 욕망하지 않아요.' 그리고 만약…" 소크라테스는 좌 중을 둘러보며 새로운 사례를 찾았다.

"그리고 만약 쇠렌이 어떤 책을 이미 갖고 있고 그것을 알고 있다 면, 그는 그 책을 갖고 싶어서 안달하지 않아. 혹시 개정판이 있다면 물론 그걸 원할 수는 있겠지. 아니면 그 책을 절대 잃어버리지 않기를 바라거나. 하지만 쇠렌이 욕망하는 것은 단순히 '그' 책을 '지금 당장' 소유하는 것만은 아니야." 쇠렌의 눈이 휘둥그레졌다.

"그러니까 디오티마의 요점은, 뭔가를 욕망하기 위해서는 먼저 '결 핍'이 있어야 한다는 거야. 하지만 그것만으로는 설명이 충분치 않지." 소크라테스는 다리를 꼬았다.

"소유하지 않았지만 욕망하지 않는 것도 많거든. 예를 들어, 나는 빨간 신발이 한 켤레도 없지만, 전혀 아쉽지가 않으니 그런 신발을 갖 고 싶은 욕망도 없어. 우리가 현재 갖지 않았고, 그것의 결여가 아무 튼 우리에게 '불만'을 주고, 그것이 없어서 부족함과 결핍을 느낄 때

비로소 그것은 욕망의 대상이 되는 거야. 그렇다면 우리를 충족시키고 충만하게 하는 건 뭘까? 그 얘기를 더 해보면 어떨까?" 소크라테스는 양팔을 가볍게 벌리며 묻고, 직접 대답했다.

"아주 좋지. 하지만 그러려면 다른 사례를 더 가져와야 해. 이 질문에 대해 디오티마와 아리스토파네스가 다툰 적이 있어. 우리는 한자리에 앉았고 아리스토파네스가 자신의 '반쪽 이야기'를 들려주었지. '반쪽 이야기' 알지? 인간은 원래 둥근 공 모양이었는데, 오만에 대한 벌로 제우스가 인간의 몸을 반으로 갈라 지구 전체에 뿌려놓았다는 얘기.

아리스토파네스는 기원전 5세기와 4세기 초의 유명한 그리스 희극작가로, 역시 플라톤의 《향연》에 등장한다. 그곳에서 그는 사랑에 대해 연설하고, 쪼개진 반쪽이 다른 반쪽을 찾고 있는 신화를 들려준다. 그러나 이 신화는 역사적 인물인 아리스토파네스가 만들어낸 것이 아니라, 플라톤의 깃털펜에서 나왔다. 플라톤은 아리스토파네스의 입을 빌려 반쪽 이야기를 하고, 그다음 디오티마가 그것을 반박하게 했다.

아리스토파네스에 따르면, 반쪽이 된 뒤로 인간은 상처 입은 나약하고 불완전한 존재가 되어, 잃어버린 반쪽을 찾아 다시 온전한 하나가 되기를 갈망하지. 운이 좋아 반쪽을 만나면 그 기쁨은 헤아릴 수 없이 크고, 우리는 반쪽을 끌어안고 다시는 놓치지 않으려 해. 비록 예전처럼 지혜로운 온전한 존재가 되지는 못하지만, 제우스는 약간의 동정심을 발휘해 대책을 마련해두었어. 쪼개진 몸이 일시적이나마 서로 결합할 수 있게 하여 이런 짧은 만남에서 약간의 위안을 얻을 수 있게 해둔 거지. 우리는 잠시나마 치유되고 온전해진 기분을 느낄 수 있어. 아리스토파네스가 말하기를, 사랑은 다른 반쪽에 대한 욕망이고, 그 욕망은 다시 온전한 하나가 되고자 하는 갈망에서 드러난다고 해."

"그냥 쉽게 섹스라고 하세요!" 지그문트가 제안했다.

"그래, 성적 욕망. 그러니까 아리스토파네스의 관점에서 사랑은 인간을 이해하기 위한 핵심이야. 다른 반쪽에 대한 욕망이 우리의 모든 행위를 결정해. 당연한 거 아니겠어? 다른 반쪽과 하나로 합쳐지는 것 말고는 그 무엇도 우리를 온전하게 만들 수 없고, 그 어떤 것도 우리를 치유하지 못하니까 말이야. '모든' 욕망은 잃어버린 반쪽에 대한 욕망인 거지.

아리스토파네스의 견해를 좀 더 일반적으로 표현하면, 한때 소유했다가 잃어버린 것을 되찾게 되었을 때 우리는 온전해지고 충족을 느낀다는 말이야. 그의 신화에서는 그것이 바로 다른 반쪽인 거고. 하지만 그것은 그저 신화에 불과하니, 당연히 글자 그대로를 의미한 건 아니야. 우리는 잃어버린 반쪽 같은 뭔가를 갈망하는 거야. 정확히 어떤 모습이냐와 상관없이 원래의 온전함을 다시 완성하는 뭔가를 갈망한다는 거지."

"맞습니다!" 지그문트가 외쳤다.

"어머니와의 합일… 원초경험!"

"흠, 글쎄." 소크라테스는 주저했다.

"여하튼, 디오티마는 생각이 달랐어. 디오티마는 늘 그렇듯이 일단 아리스토파네스의 이야기를 꼼꼼히 들은 뒤 조목조목 반박했지.

'만약 잃어버린 반쪽이 쓸모없거나 심지어 해롭다면, 과연 그 반쪽을 갈망할까요? 없는 편이 차라리 더 낫지 않을까요?' 아리스토파네스는 머뭇머뭇 고개를 끄덕였고 디오티마는 계속 밀어붙였어.

'잃어버린 반쪽이든 그 무엇이든 다 마찬가지일 거예요. 나쁘지 않고 쓸모가 있을 때, 우리에게 훨씬 더 좋을 때, 우리는 그것을 되찾고 싶어 하지 않나요? 생각해보세요. 손에 심한 염증이 생겨 패혈증 위험이 있다면 분명 기꺼이 절단 수술을 받을 테고, 그 이후 손을 되찾고 싶더라도 예전의 썩은 손은 절대 아닐 거예요. 새로운 손, 뭔가를 시작할 수 있고 그런 의미에서 당신에게 좋은 손을 갈망할 테죠. 잃어버린 반쪽도 마찬가지예요. 우리가 반쪽을 만나 온전해지기를 갈망하는 건 맞아요. 하지만 그 온전함이 우리에게 좋을 때만 그래요. 다시 말해, 우리를 좋은 쪽으로 인도하지 않는 온전함은 진짜 온전함이 아닌 거죠. 이런 경우 우리는 계속 뭔가가 부족하고, 욕망은 결코 충족되지 않아요.'

나는 디오티마의 주장이 옳다고 생각해. 우리는 잃어버린 것을 되찾고자 하지. 단, 그것이 우리에게 좋다고 느껴질 때만! 우리에게 좋지 않은 것을 되찾으려 하진 않아. 뭔가 새로운 것, 그러니까 뭔가 좋은 걸 갈망하지. 우리가 어떤 대상을 과거에 소유했었느냐 아니냐는 결국 욕망과 무관해. 중요한 건, 그 대상이 우리에게 좋으냐 아니냐야. 물론 그 대상이 우리와 잘 맞아야 하지. 여기서 잘 맞는다는 말은 우리가 소유하는 것이 '타당'하고 '이상적'이라는 뜻이야. 요약하면, 욕망의 대상은 우리가 아직 소유하지 않았을 뿐 아니라, 좋다고 여기는 어떤 것이야. 우리는 우리에게 좋은 것을 욕망해."

"그럼, 우리에게 좋은 게 뭘까요?" 아이리스가 물었다.

"지혜! 정답은 지혜야. 그러나 고찰이 따르지 않는 정답은 무의미하고, 누구의 마음에도 남지 않는 법. 그러니 내 말을 그대로 믿어야 하는 건 아니야. 하지만 애석하게도 고찰에는 여러 날 여러 해가 필요할 테지." 소크라테스가 대답했다.

"시간은 걱정하지 마세요. 우린 시간이 아~주 많으니까요!" 임마누엘이 말했고 모두가 끄덕였다.

아이리스가 눈을 찡긋해 보이며 덧붙였다.

"소크라테스, 우리는 그걸 당신한테 배웠어요. 당신이 했던 말도 그대로 쓴답니다. 보세요. 시간은 우리 편이에요!"

소크라테스가 수긍했다.

"흠… 이제 정말로 디오티마가 있어야겠군." 그가 혼잣말처럼 중얼거렸다. 그다음 뭔가를 결심한 듯 이내 표정이 진지해졌다.

"일단 의문을 품는 것이 중요하다는 걸 명심했으면 해. 우리가 좋다고 여기는 것이 실제로 모두 좋은 건 아니기 때문이야. 우리가 좋다고 여기는 것만으로는 안 돼. '우리에게' 좋다고 여기기 때문에 더욱 쉽게 착각할 수 있어. 자, 그렇다면 지혜란 뭘까? 지식의 한 형태이지만, 무작위로 뽑은 어느 한 가지 지식이 아니야. 지혜롭다는 말은 세상의 궁극적 원리를 이해한다는 뜻이야. 이해하려면 그것이 어떠하고 왜 그런지를 알아야 하지. 질문 사슬을 끝까지 따라가며 이유를 묻는다면, 마침내 모든 것의 시작인 궁극적 이유를 손에 쥐게 될 거야. 이런 궁극적 이유 또는 궁극적 원리를 나는 '이데아'라고 하는데, 이데아는 영원불변이야. 영원불변이 아니라면 그것은 '궁극적' 원리일 수 없지. 나의… 그러니까 디오티마의 명제는 이것이야. 우리의 영혼은 오직 이데아를 이해할 때 건강하다!"

"우리의 영혼? 여기서 '영혼'은 무엇을 말하는 거죠?"

시몬이 물었다.

"우리의 생각, 감정, 욕망, 정신이 활동하는 곳을 뜻해. 우리 자신이라고 말해도 무관하고. 이데아를 이해할 때 비로소 우리의 영혼은 '진짜' 영혼이 될 수 있는 거지. 그래야 비로소 영혼이 해야 할 일을 할 수 있기 때문이야. 사색하기, '내면의 눈'으로 보기, 자기 자신을 스스로 조종하기, 자립하기 등등."

"이데아 없이도 영혼은 그 모든 활동을 할 수 있지 않나요?" 시몬이 계속 파고들었다.

"이데아 없이는 '제대로' 사색하지 못하고 '올바로' 보지 못하며 '좋은' 방향으로 자신을 조종하지 못한다고 생각하는 건가요? 하지만 잘못 사색하고 바르게 보지 못하고 그릇된 결정을 내리더라도 사색은 사색이고 보는 것은 보는 것이며 결정은 결정이에요."

"그렇군. 조금 더 명확하고 상세하게 표현했어야 했는데… 내가 하려던 말은 이래. 사색하고, 느끼고, 보고, 결정하는 모든 사람은 '올바로' 사색하고, 느끼고, 보고, 결정하고자 해. 잘못된 길을 가거나 '일부러' 잘못을 저지르려는 사람은 없어. 안 그래?"

그 말을 듣고 아우구스티누스가 손을 들었지만, 소크라테스는 서둘러 말을 이었다.

"모두가 진실을 위해 애쓰고 궁극적으로 좋은 결과를 소망해. 그것은 이데아로만 가능하고, 그래서 이데아 없는 영혼은 모든 노력에도 불구하고 항상 실패할 수밖에 없어. 이데아가 없으면 영혼은 그저 자아의 슬픈 그림자일 뿐, 꽃을 피울 수는 없어."

"영혼이 날개를 펴지 못한다! 예전에 이렇게 표현했던 적이 있는데, 나는 늘 이 은유가 아주 적절하다고 생각했어요."

아이리스가 덧붙였다.

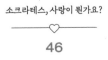

"그래, 그 표현이 훨씬 더 나은 것 같군. 영혼에 날개가 있다고 가정할 때, 이데아가 없으면 영혼은 날개를 펴고 훨훨 날지 못해. 날지 못하는 새는 비록 여전히 새이긴 하지만 자신의 본성대로 살지 못하고, 본질적인 뭔가가 결핍되어 새로서 행복하게 살 수가 없어. 영혼도 마찬가지야. 이데아를 이해하지 못하고 멀리하면 행복할 수 없어. 하지만 '이데아'와 함께라면 영혼은 날개를 펴고 자유롭게 자기 길을 갈 수 있어. 영혼은 어떤 면에서 이데아와 닮았어. 영혼은 자기 자신을 기반으로 하고 자기 자신의 중심에 있으며 영원불변해. 그러므로 우리의 영혼에 필요한 것은 지혜뿐이야. 그리고 우리의 육체는 다리에 붙은 살덩이처럼 그저 우리의 영혼에 붙어 있을 뿐이니, 영혼이 곧 우리이고, 그래서 우리에게 필요한 것은 지혜뿐이야."

그러자 지그문트가 큰 헛기침으로 목을 가다듬더니, 뭔가를 공책에 기록했다. 소크라테스는 참고하던 수첩을 접었다.

"이제 주제로 돌아가볼까? 이 모든 것이 우리의 욕망 분석과 무슨 관련이 있을까? 다시 한번 말하건대, 우리의 욕망은 현재 갖지 않았지만 좋다고 여기는 대상을 향하지. 그리고 진정으로 좋은 것은 지혜뿐이라고, 우리는 방금 얘기했고. 그러므로 이제 이런 결론을 내릴 수 있어. 적어도 모든 '올바른' 욕망은 지혜의 결핍에서 생기고 그래서 지혜를 추구한다."

"그렇다면 잘못된 욕망도 있을까요?"

막스가 이마를 찌푸리며 물었다.

"물론이지. 인간은 자신이 무엇을 가졌고, 무엇이 자신에게 좋은지 잘못 알 수 있으니까. 예를 들어, 빨간 신발이 신발장 깊숙한 곳에 숨어 있다는 걸 잊었기 때문에 빨간 신발이 없다고 잘못 알고 있다면, 빨간 신발이 갖고 싶을 수 있지. 언제 얼마나 빨간 신발이 필요하든 상관없이, 아무튼 빨간 신발을 신을 수 없으니 결핍을 느끼는 거야. 그러므로 빨간 신발이 없다는 착각이 어느 정도 사실이 되는 거지. 권력이나 명예 또는 돈처럼 우리가 좋다고 착각하여 결과적으로 지혜가 아닌 다른 뭔가를 욕망할 가능성은 여전히 남아 있어. 소위 이런 재화를 소유하더라도 지혜에서 멀리 떨어져 있으면, 우리는 당연히 불만족스러울 수밖에 없어. 그런 재화들은 실상 우리에게 정말로 좋은 게 아니고 우리를 '충족'시키지 못하기 때문에, 욕망은 계속해서 타오르고 우리가 마침내 지혜에 도달할 때까지 끊임없이 우리를 채찍질해. 자네들 생각은 어때? 다른 의견이 있나?"

'또 그 지긋지긋한 질문들이군… 게다가 이 모든 것이 '사랑'과 무슨 상관이람?' 막스는 혼란스러운 듯 머리를 흔들며 중얼거렸다.

소크라테스는 특별한 문답법으로 유명하다. 이 문답법을 통해 소크라테스의 대화 상대자는 자신의 신념을 비판적으로 점검하게 되고, 결국 의심스러운 자신의 신념

을 버리고 새로운 깨달음을 얻게 된다. 이 문답법을 '산파술'이라고 한다. 소크라테스는 자기 자신을 산파로 여기고, 대화 상대자가 깨달음이라는 아기를 순산할 수 있게 돕고자 했다. 곧 확인하게 되겠지만, 그것은 소크라테스의 사랑론에서도 중요한 구실을 한다.

"이제 곧바로 사랑 얘기를 해볼까?" 소크라테스가 서둘렀다.

"기억들하지? 사랑이 곧 욕망이라고 했었잖아. 모든 욕망이 그렇듯 사랑 역시 지혜를 추구해. 잠깐, 잠깐!" 갑자기 여기저기서 불신 섞인 웅성거림이 퍼지자, 소크라테스가 다급하게 양손을 뻗어 진정시켰다.

"지금 이런 생각들을 하는 거지? 사랑하는 사람들은 많은 걸 욕망하지만, 지혜는 아니라고! 우리는 다른 '사람'에게서 사랑을 느낀다고, 특히 그 사람이 늘 생각나고, 그 사람 곁에 항상 함께 있고 싶고, 그 사람이 잘 지내기를 바라고, 그 사람을 위한 일이라면 뭐든지 하게 될 때 사랑을 느낀다고! 언뜻 보기에 그것은 지혜 추구와 아무 관련 없어 보일 거야. 맞아. 그럴 수 있어. 디오티마가 사랑과 지혜에 대해 처음 내게 얘기했을 때, 나도 지금 자네들과 똑같은 반응을 보였으니까.

하지만 디오티마의 설명을 들은 뒤 나는 고개를 끄덕이게 되었지. 당연히 사랑은 우리가 아름답다고 여기는 다른 사람에게 향하는 특별한 관심이고, 모두가 알고 있듯이 사랑은 뜨겁고 달콤해. 하지만 이런 감정 뒤에는 지혜에 대한 욕구가 숨어 있어. 어떤 사람의 아름다움이 우리를 지혜로 더 가까이 데려갈 때, 우리는 그 사람을 사랑하게 되는 거야. 그래, 우리는 아름다움을 사랑하고, 바로 그 아름다움이 우리에게 '영감'을 주기 때문이야. 아름다움은 우리를 창의적으로 만들지. 육체적인 아름다움뿐 아니라 무엇보다 정신적인 아름다움 또한. 어떤 면에서 아름다움은 우리 안에 있는 정신적인 아기를 출산하도록 돕는 산파와 같아. 아름다움은 지혜로 가는 여정에서 우리를 도와줘. 우리는 이제 그것을 더 상세히 고찰해야 해. 그러면 우리는 또한 사랑이 왜 하늘의 선물인지 이해하게 될 거야. 이제 다음 단계로 넘어가도 될까?" 소크라테스가 상기된 얼굴로 물었고, 일곱 명은 기대에 차서 끄덕였다. 소크라테스는 양손으로 허리를 받치고 상체를 뒤로 제쳤다다시 똑바로 섰다.

"자, 그렇다면 아름다움은 어째서 이런 특별한 효력을 우리에게 미칠까? 아름다움이 꼭 잘생긴 외모를 말하는 건 아니야. 영혼도 아름다울 수 있으니까. 또한, 아름다운 육체 역시 그저 단순히 아름답게 보이는 육체만은 아니야. 내 생각에, 뭔가가 특별한 방식으로 감동을 준다면 우리는 그것을 '아름답다'라고 평가해. 바로 그 아름다움이 우리에게 뭔가를 '떠올리게' 하기 때문이야. 그 뭔가가 바로 이데아야! 우리가 얘기했던 바로 그 이데아."

"뭐라고요?!" 막스가 다시 끼어들었다. 그리고 지그문트가 곧장 덧붙였다.

"하지만 방금, 우리가 이데아를 '모른다고' 말씀하셨잖습니까? 우리가 이데아를 이해하고자 애쓴다는 주장에서, 그것은 중요했습니다. 우리는 이미 본 적이 있거나 들은 적이 있거나 어떤 식으로든 배웠던 것만을 떠올릴 수 있습니다. 자, 어떻게 설명하시겠습니까?"

"계속 설명할 수 있게 좀 기다려주면 좋겠군. 그래, 지그문트 자네 말이 맞아. 우리는 원래 알고 있었지만 잊어버린 것만을 상기할 수 있어. 망각 속에 있는 한, 그것은 기이하게 허공에 떠 있는 상태지. 아는 건 맞지만 '의식적으로' 아는 게 아니라서 곧바로 불러낼 수 없는 상태. 잊은 걸 떠올리는 과정은 우리의 통제권 밖에 있고 종종 아주 오래 걸리지."

"맞습니다!" 아우구스티누스가 끼어들었다.

"처음엔 어렴풋하게 떠오릅니다. '어! 내가 아는 건데…'라는 생각이 들면서 갑자기 혼란스러워지고 정확히 무엇인지 더 헷갈리는 상태. 모두가 이런 상황을 한 번씩 경험해봤을 겁니다. 예를 들어 옛날에 알고 지냈던 지인의 사진을 보았을 때, 그가 누구이고 이름이 뭔지 곧바로 떠오르지 않을 때. 또는 어디에선가 만난 적이 있다는 것만 생각이 나서, 그 사람이 누군지 떠오를 때까지 열심히 찾게 될 때. 그때의 답답함과 조급증은 가려움증만큼이나 괴롭습니다."

갑자기 구석에서 쇠렌이 한숨을 쉬며 중얼거렸다.

"실패. 능동적으로 떠올려보려 애쓰지만 결국 실패로 끝나요. 결국 수동적으로…"

"맞아!" 소크라테스가 나섰다.

"우리가 누군가를 사랑하기 시작할 때, '사랑에 빠진다'라고 표현하는 이유가 바로 그거야. 사랑은 뜻밖의 일이고 맘대로 통제할 수 없지. 말했듯이, 어떤 사람을 봤을 때 영원한 이데아가 떠오르면, 우리는 그 사람을 사랑하게 되는 거야. 한번 상상해봐. 어떤 사람이 우리에게 모든 사물의 근원과 모든 것을 해명하는 본질, 즉 이데아를 상기시켜. 물론 단편적으로만 떠올라서, 우리는 그것의 실체를 정확히 알지 못해. 다만 그것의 실체를 정확히 밝히는 것이 대단히 중요하다는 기분만 들 뿐이지. 이데아와 함께 우리가 원래 누구였는지도 떠오르기 때문이야. 이데아를 상기하면서 우리는 동시에 우리가 영혼임을 깨닫고, 돈과 권력 같은 세속적인 사물이 아니라 지혜에서 치유를 얻는 존재임을 알게 돼. 이데아의 이해! 말하자면 우리는 사랑하는 사람을 보면서 어렴풋이 자기 자신을 떠올리게 되는 거야. 그것이 바로 사랑의 동력이야. 사랑은 욕망이야. 사랑하는 사람을 통해 기억의 근원으로 가서 영혼의 어둠에서 이데아를 불러내고자 하는 욕망. 우리는 기억을 명료하게 유지하기 위해 무조건 사랑하는 사람 곁에 가까이 머물고자 해. 그리고 우리를 뒤흔드는 것이 애인의 아름다운 영혼이라면, 우리는 그 아름다움의 빛을 받기 위해 애인과 대화를 나누고자 하지."

"온통… 너무 '형이상학적'이네요. 상기하는 과정이 끝나면 그다음엔 어떻게 되죠? 그러면 애인의 유용성은 끝나고 우리의 사랑도 끝나는 건가요?" 시몬이 툴툴대며 물었다.

"글쎄… 상기의 과정은 꽤 오래 걸려. 사실 그 과정은 끝이 없지. 적어도 살아 있는 동안에는 말이야. 그러니까 애인의 가치는 떨어지지 않아." 소크라테스가 대답했다.

"그런 건 사랑이 아니지!" 막스가 콧방귀를 뀌었다. 소크라테스는 개의치 않고 계속 이어갔다.

"다시 한번 말하는데, 모든 욕망이 그렇듯 사랑이 추구하는 것은 결국 이데아의 이해야. 다만, 이 목표를 이루기 위해 선택한 수단에서 사랑과 욕망의 차이점이 드러나. 사랑의 수단은 사람이야. 아름다움으로 우리의 눈을 뜨게 하는 사람, 우리에게 이데아를 상기시키는 사람. 도대체 왜 이데아가 원래부터 우리 안에 있는 거냐고, 분명 아까부터 속으로 물었을 거야."

'어떻게 알았지…' 지그문트와 시몬이 서로 눈빛을 교환했다.

"이제부터 좀 복잡한 길로 들어설 거야." 소크라테스가 경고했다.

"모든 욕망을 추동하려면, 기억을 떠올리는 경험이 필요하다는 사실을 잊지 마. 어떤 것을 명확히 갈구하려면 그것이 결핍되었음을 '의식'해야 하기 때문이야. 무엇이 결핍되었는지 모른다면, 우리는 결핍을 그저 설명하기 어려운 불편함과 해소되지 않는 불만으로 느낄 뿐,

소크라테스, 사랑이 뭔가요?

54

욕망을 특정 대상과 연결하지 못하게 돼. 그러나 욕망의 대상이 지혜라면, 아주 기묘한 상태가 되지. 이데아를 알지 못한다는 사실을 스스로 인식하게 되는 상태. 뭔가를 '모른다'는 사실, 그러니까 지금 우리의 경우에는 이데아를 모른다는 사실을 인식하려면, 이데아가 뭔지 이미 알고 있어야 하잖아? '이것과 저것을 나는 알지 못한다'라고 주장하려면, 사실 이것과 저것이 무엇인지 제대로 알고 있어야 해. 그러면 역시 이것과 저것을 이미 아는 거지!"

"이런 젠장, 또 역설이군!"

막스는 거의 눕듯이 앉은 탓에 하마터면 의자에서 떨어질 뻔했다. 반면 완전히 집중해서 듣고 있던 쇠렌이 막스 쪽을 향해 '쉬잇!' 신호를 보냈다. 소크라테스가 웃었다.

"맞아, 맞아. 또 역설이 숨어 있어. 여기도 역설, 저기도 역설. 이놈의 역설이 날 놓아주질 않네! 가끔 나 역시 갈팡질팡이야. 어떨 땐 '세상에 말도 안 돼, 어떻게 이런 단순한 해답이 있지!' 생각하다가 또 어떨 땐, '아니야, 여기에 분명 심오한 문제가 숨어 있을 거야'라고 생각해." 소크라테스가 머리를 긁적였다.

"기억할지 모르지만, 이것이 바로 배움의 역설이야. 당찬 청년 메논이 예전에 나와 이에 대해 대화했었지. 배움의 역설은, 이미 알고 있는 것은 배울 수 없음을 확인하는 것으로 시작해. 다음 전제는, 아직 모르는 것을 또한 배울 수 없다는 것이지. 뭔가를 배우겠다 결심하고 그다음 그것을 배웠음을 깨달으려면, 그것을 이미 알고 있어야 하기 때문이야. 인간은 모든 것을 알거나 모르거나 둘 중 하나니까, 결과적으로 배움이란 불가능해. 이것이 역설로 보이는 까닭은, 우리가 언제 어디서나 배우는 것처럼 보이기 때문이지!

플라톤의 대화편 《메논》에서 토론하는 배움의 역설은, 배움의 가능성을 설명하기가 절대 쉽지 않음을 보여준다. 플라톤의 대화편에서 소크라테스는 이 역설을 이용해 자신의 '기억이론'을 소개한다. 기억이론에 따르면, 영원한 영혼은 이데아를 이미 출생 전부터 알았지만 단지 그것을 잊었고, 모든 배움은 이 이데아를 다시 기억해내는 과정이다.

이 배움의 역설이 오늘의 토론과 무슨 관련이 있을까? 배움의 역설을 그대로 믿으면, 모르는 것을 어떻게 알게 되는지를 설명하는 데도 문제가 생겨. 두 번째 전제에 따르면, 뭔가를 '모르는 것'으로 규정하기 위해서는 먼저 그것이 무엇인지 알고 있어야 하거든."

"하지만 정작 본인은 늘 아무것도 모른다고 주장하잖아요. 그게 무엇이든…" 막스가 지적했다.

"맞아요. 처음에는 그랬죠!" 쇠렌이 불쑥 끼어들었다.

"소크라테스가 왜 사랑 전문가인지 알아요? 아무것도 이해하지 않

고, 아무것도 모른다는 걸 알기 때문이에요. 이것도 역설처럼 들리네요. 깊은 진실이 숨어 있는 역설…"

소크라테스가 격하게 끄덕였다.

"바로 그거야! 고마워, 쇠렌! 나는 역설에 답이 있다고 생각해. 알겠어, 막스? 그러니 내가 특정 대상, 예를 들어 이데아가 무엇인지 모른다고 주장하더라도 그것은 모순이 아니야. 그리고 그 안에 숨어 있는 정답은 바로, 우리가 그 이데아를 이미 출생 전부터 알았지만 단지 그것을 잊었다는 사실이지. 그리고 우리가 사랑에 빠졌을 때처럼 어렴풋이 이데아를 떠올리면, 우리는 이데아를 모른다고 말할 수 있는 특별한 상태가 되는 거야. 이데아가 눈앞에서 아른거리고, 우리는 그것을 가리키며 '저기 저것'이라고 말할 수 있지만, 동시에 이데아는 우리가 온전히 기억해낼 때까지 어둠에 가려 있어. 그것은 욕망뿐 아니라 배움의 전제조건이기도 해.

어때? 이제 나를 사랑 전문가로 소개해도 '심하게' 잘못된 것 같지는 않지? 동시에 아무것도 모른다고 말하더라도 말이야. 모른다는 것이 결국 안다는 얘기니까! 쇠렌이 아주 정확히 말했어. 사실 사랑에 빠진 모든 사람이 정확히 그런 상태야. 연인들은 모두 똑같이 이데아를 이해하고자 하지. 그게 그들의 공통점이야. 그들은 지혜를 욕망해. 그들은 '아직' 아무것도 이해하지 못한 상태야. 적어도 세상의 궁극적 원리를 아직은 이해하지 못했지. 하지만 그들은 사랑하는 사람으로서 사랑이 무엇인지 알아. 그리고 자신이 세상을 모른다는 사실을 인식하기 시작하고 또한 동시에 어느 정도 '자기인식'도 하게 되지. 내가 열심히 설명했듯이, 사랑하는 사람들은 자신의 고유한 상황과 욕망 대상의 관계를 인식하게 돼. 즉, 사랑은 자기인식이야. 그래서 사랑하는 사람들은 언제나 사랑 전문가지. 나만 사랑 전문가가 아니라고!"

"소크라테스, 누구를 사랑하십니까?" 아우구스티누스가 불쑥 물었다. 쇠렌을 제외한 모두가 크게 웃었다.

"오, 어디서부터 시작해야 할까…" 스크라테스가 난감한 표정으로 대답했다.

"사실 나는 늘 나 자신을 사랑하지!"

"그러지 말고 말해보십시오. 플라톤입니까?" 아우구스티누스가 꼬치꼬치 캐물었다.

"플라톤… 그렇지, 플라톤을 사랑하지. 플라톤을 사랑하지 않는 사람도 있을까?" 소크라테스가 고개를 갸웃거리며 말했다.

"디오티마! 당연한 거 아닌가요?" 아이리스가 말했다.

"크산티페와 아이들은요?" 시몬이 물었다.

"알키비아데스!" 쇠렌도 들뜬 목소리로 동참했다.

"그래! 알키비아데스가 있었지!"

다른 사람들이 이구동성으로 외쳤다.

알키비아데스는 기원전 5세기의 유명한 아테네 정치가이자 소크라테스의 친구였다. 플라톤의 《향연》에서 그는 술에 취해서 등장하는데, 소크라테스를 칭송하는 연설을 하고 소크라테스를 향한 사랑을 고백하고, 소크라테스의 거절을 사람들 앞에서 불평한다. 소크라테스는 마치 그가 그 자리에 없는 것처럼 냉정하게 반응한다.

여기저기서 외치는 바람에 점점 시끄러워졌고, 소크라테스는 뭐라고 말해야 할지 몰랐다. 그때 임마누엘이 자리에서 일어나 사람들을 진정시켰다.

"자자, 여러분! 진정하고 다시 철학으로 돌아갑시다." 임마누엘이 발언을 이어갔다.

"소크라테스의 주장에 따르면… 아니, '디오티마'의 주장에 따르면, 사랑하는 사람들은 자신이 궁극적 원리를 알지 못한다는 것을 압니다. 그러니까 모른다는 것을 아는 것이 중요하죠. 더 정확히 말해, 그들은 자신이 이데아를 이해하지 못한다는 것을 압니다. 그렇다면 뒤집어서, 자신이 이데아를 이해하지 못한다는 것을 아는 사람은 모두 사랑하는 사람들일까요? 만약 그렇다면, 지혜로 가는 통로는 오로지 아름다운 사람뿐이고, 사랑은 곧 욕망과… 적어도 '올바른' 욕망과 같습니다."

"흠…" 소크라테스가 잠시 생각에 잠겼다.

"내 생각도 그래. 이데아를 이해하지 못하지만 이해하고자 하고, '이해해야 한다'는 것을 인식하기 위해 기억을 떠올리는 경험이 필요하고, 그 기억을 불러낼 수 있는 것은 아름다움뿐이며, 그 아름다움을 가진 존재가 결국 사람뿐이라면, 그러면 우리는 자신의 결핍을 인식하기 위해 사랑에 빠져야만 해."

"오직 사람만이 아름다움을 가졌다는 말씀이신가요?" 임마누엘이 계속 물었다.

"그것에 대해서는 지금까지 한 말씀도 하지 않으셨습니다."

"그렇지, 그 얘기를 빼놨었군. 내 생각에, 아름다움은 언제나 정말로 사람에게 있고, 특히 사람의 영혼에 있어. 하지만 영혼의 산물에도 아름다움이 있어. 이를테면 수학의 증명, 학술 이론, 음악. 이 모든 걸작이 아름다울 수 있고 내게 이데아를 상기시킬 수 있어. 무생물의 자연, 식물, 다른 동물들은 그렇게 하지 못해. 개인적인 경험을 과도하게 일반화한다는 비난을 막기 위해, 설명을 붙이자면 이래. 사람의 영혼은 특정 관점에서 다른 것들보다 이데아에 더 가까워. 영혼은 비록 이데아를 잊었지만, 영원히 완전히 잊은 게 아니라 어느 정도 다시 떠올릴 수 있어. 우리는 때때로 사람에게서 이데아와의 이런 내적인 가까움을 발견하지. 특히 이데아의 빛이 지금 그 사람에게 다시 조용히 번질 때. 다시 말해, 기억을 떠올리는 과정에 있을 때 특히 아름다워. 그리고 이데아에 가까이 갈수록 더욱 아름다워지지. 자네들도 알다시

피 이데아를 이해하는 사람은 이데아와 아주 비슷해지기 때문이야. 이 말은 아무튼, 이런 상태에서 그들을 보고 그들과 관계를 맺으면 다른 사람들도 기억을 떠올리게 된다는 뜻이지. 그러므로 진정으로 사랑을 주는 사람은 또한 사랑을 받게 되어 있어! A가 B를 사랑하면 A는 B에게 이데아를 떠올리게 하고, 그러면 B의 눈에 A가 갑자기 아주 아름다워 보이고 결국 B 역시 A를 사랑하게 돼. 그들은 서로를 그리워하고 무엇보다 철학적 대화로 그들의 사랑을 키워나가지. 그들은 함께 세상의 근원을 이해하고자 해."

"그렇다면 모두가 똑같은 사람을 사랑해야 하는 거 아닙니까? 이데아를 서서히 비춰주는 아름다운 사람을 모두가 사랑하고, 그것의 연쇄작용으로 모든 사람이 서로 사랑하게 되고?" 아우구스티누스가 곰곰이 생각했다.

"사랑하는 사람들의 공동체처럼?" 소크라테스는 이런 상상이 썩 맘에 드는 것 같았다.

"이론상으로는 가능하지. 하지만 영혼의 아름다움을 보려면 먼저 그 사람에게 아주 가까이 다가가야만 해… 그리고 우리는 극히 소수에게만 아주 가까이 다가가지."

"사랑하는 사람들끼리는 말없이 '대화'할 수 있을까요? 눈빛으로, 포옹으로, 섹스로?" 아이리스가 물었다.

"사랑하는 사람들은 사실 고전적인 대화만이 아니라, 신체접촉이나 제스처 등 아주 다양한 방식으로 소통하잖아요!"

"이데아에 대해서도 말없이 대화할 수 있다면, 그렇다고 할 수 있지!" 소크라테스가 대답했다.

아이리스가 끄덕였다. 임마누엘이 기록했다. 잠시 정적이 흘렀다. 그다음 시몬이 목소리를 냈다.

"그러니까, 응답받지 못한 사랑은 진정한 사랑이 아니군요… 흠, 그런 식으로 불행을 피하시네요. 소크라테스, 약간 다른 걸 물어도 될까요? 당신은 사실 유혹의 기술자가 아닌가요? 그쪽 전문가 맞잖아요! 지금까지 우리에게 그 얘기는 하지 않으셨어요. 자신을 사랑에 빠진 사람, 무고하고 나약한 사람으로 늘 묘사하지만, 실제로는 종종 '다른 사람'을 유혹하여 사랑에 빠지게 하고 미치게 하죠. 화려한 외모를 자랑하는 알키비아데스를 보세요. 그 또한 완전히 빠졌었잖아요. 소크라테스는 조심해야 할 인물이에요!"

"시몬… 불행은…" 소크라테스가 말을 멈추고 생각에 잠긴 듯 바닥을 보았다.

"어쩌면 시몬 말이 맞을 거야. 하지만 그것에 관해서는 이 자리에 모인 다른 사람들이 더 잘 알겠지. 시몬의 두 번째 질문에 답하자면, 흠… 사실 그 질문은 앞의 얘기와 직접적인 관련이 있어. 내가 방금 진정한 사랑은 응답을 받는다고 말했잖아. 그러므로 나는 사랑을 주는 사람일 뿐 아니라, 시몬의 말대로, 유혹자이기도 해. 물론 나쁜 의도는 없고, 내 사랑은 진짜야. 내 말이 옳다면, 나는 그것으로 최고의 선을 행한 거야. 나는 사랑하는 사람에게 이데아를 상기시키고 그렇게 행복으로 가는 문을 열기 때문이지!"

"그렇게 대답할 거라 이미 예상했어요." 소크라테스의 말을 듣자 시몬이 심드렁하게 대꾸했다.

"하지만 모든 사례에서 정말로 진짜인지는 잘 모르겠어요. 알키비아데스를 사랑했나요?"

소크라테스의 얼굴이 살짝 창백해졌다.

"지금 여기서 알키비아데스 얘기를 하고 싶진 않아." 그가 속삭이듯 말했다.

꽤 오랫동안 침묵이 흘렀다. 그다음 임마누엘이 일어서서 선포했다.

"잠시 쉽시다. 현관문을 열어두었으니, 잠시 바람을 쐬고 오셔도 좋습니다. 허락해주신다면, 나가기 전에 중요한 요점들을 짧게 요약하고 싶은데, 괜찮겠습니까?"

"참 나, 누가 임마누엘 아니랄까 봐!" 지그문트가 고개를 절레절레 흔들었다.

임마누엘은 개의치 않았다.

"혹시라도 잘못 이해한 부분이 있으면 정정해주세요. 소크라테스가… 그러니까 '디오티마'가 말하기를, 사랑은 지혜로 가는 길에서 도움을 줄 수 있는 어떤 다른 사람에 대한 욕망입니다. 모든 욕망의 대상은 우리에게 좋은 것, 즉 우리를 행복하게 하는 것이고, 우리의 행복은 지혜로 이루어져 있기 때문이죠. 지혜롭다는 말은 세상의 궁극적 원리를 이해한다는 뜻입니다. 모든 것의 존재 이유와 존재 방식을 해명하는 것, 그것을 소크라테스는… 그러니까 '디오티마'는 이데아라고 부릅니다. 그렇다고 우리가 특히 학식이 높은 사람을 사랑한다는 뜻은 아닙니다. 오히려 우리는 개인적으로 아름다워 보이는 사람을 사랑합니다. 아름다운 사람이 우리에게 바로 그 이데아를 상기시키기 때문이죠. 이데아를 이해하는 데, 좁은 의미의 배움은 필요 없습니다. 배운 지식으로 이데아를 이해하기란 불가능합니다.

사실 우리는 태어나기 전에 이미 이데아를 알았습니다. 여기서 아리스토파네스의 생각이 새롭게 재등장합니다. '우리는 한때 이미 가졌던 것을 욕망한다.' 우리는 비록 이데아를 잊었지만, 누군가 단추를 눌러준다면 다시 떠올릴 수 있습니다. 특히 애인과의 철학적 대화에서 우리는 기억을 되살리고 그렇게 점차 세상을 이해합니다. 사랑하는 사람들은 자신이 이데아를 모른다는 사실을 '압니다'. 그리고 사랑하는 사람으로서 또한 자신이 사랑하고 있음을 압니다. 즉, 인간은 자신의 상태를 이해합니다. 그러므로 소크라테스는 사랑하는 사람으로서 사랑이 무엇인지 안다고 말할 뿐 아니라, 또한 결국 아무것도 모른다고 말합니다. '알 가치가 있는 것' 그러니까 세상을 해명해주는 것에 대해 아무것도 모른다고 말합니다. 언뜻 모순처럼 들리지만, 전혀 모순이 아닙니다. 그러나 또한 역으로, 자신이 이데아를 이해하지 못한다는 사실을 아는 사람은 모두 사랑하는 사람이라 할 수 있습니다. 무지와 사랑 사이에 아름다운 순환이 있고, 그래서 사랑하는 사람들은 모두 철학자이며, 모든 철학자는 또한 사랑하는 사람들입니다."

임마누엘은 살짝 지친 듯, 한숨을 크게 내쉬고 낮게 휘파람을 불었다. 그리고 마치 눈앞에 떠 있는 생각의 구조를 실제로 볼 수 있는 것처럼 앞을 응시했다. 그다음 수첩을 테이블에 내려놓고 바로 옆에 펜을 나란히 두고 자리에서 일어섰다. 소크라테스는 다시 천을 몸에 두르고 사뿐사뿐 가볍게 자기 자리로 돌아갔다.

임마누엘이 문 쪽으로 가면서 말했다.

"하나만 더. 쉬는 시간 뒤에 누가 첫 발언을 하시겠어요? 지그문트가 했으면 하는데…"

"내가 하죠!" 막스가 얼른 대답하고, 앉을 때와 똑같이 시끄럽게 자리에서 일어섰다. 지그문트가 "Be my guest(그러시죠)"와 비슷한 말을 했지만, 막스는 아무 반응도 보이지 않고 방을 나갔다.

"무슨 말을 하려는 건가?"

아우구스티누스가 물었지만, 그의 물음은 의자 뒤로 사라졌다. 임마누엘은 점심 식사를 챙기러 부엌으로 달려갔다.

Freud

Augustinus

Beauvoir

Socrates

Kant

♦ Scheler ♦

Murdoch

Kierkegaard

— 3장 —

애인의 대체 불가성

막스 셸러가 애인의 대체 불가성을 주장하고,
참가자들이 열띤 토론을 벌인다

"소크라테스의 주장대로라면 애인은 그저 지혜라는 특정 목적지로 안내하는 수단일 뿐 그 이상은 아닙니다. 하지만 애인을 그렇게 봐선 안 됩니다! 제 생각에, 수단이란 그 자체로 가치가 있는 게 아니라, 오직 목적을 달성할 때만 가치가 있기 때문입니다. 그러므로 나는 목적을 달성하는 데 비슷하게 효과적인 다른 수단이 있다면 큰 고민 없이 다른 수단으로 바꿀 것이고, 더 나아가 기존의 수단보다 더 나은 다른 수단을 발견한다면 아주 기뻐할 겁니다."

막스는 큰 소리로 빠르게 말했다. 잠시 숨을 고른 후 다시 큰 소리로 발언을 이어갔다.

"그러나 연인들은 애인을 쉽게 바꾸지 않을 겁니다! 적어도 이런 방식으로는 절대 아니에요! 애인 또는 애인에 버금가는 바로 그 사람이 곁에 있느냐 없느냐는 결코 '상관없는 일'이 아닙니다. 또한, 사랑하는 사람들은 더 나은 애인 후보자가 혹시 있지 않을까, 진지하게 고민하지도 않아요. 혹여라도 그런 고민을 한다면, 그 사람은 애인을 진정으로 사랑하는 게 아닙니다. 진정으로 사랑하는 사람은 애인을 '대체 불가'로 여기기 때문입니다."

그는 입을 훔친 뒤, 임마누엘이 놓아둔 유리잔을 들어 물 한 모금을 마셨다.

"부모를 생각해보세요. 그들은 자식을 결코 비슷하거나 '더 나은' 아이와 바꾸지 않을 겁니다. 혹시라도 그런 일이 벌어진다면 우리는 큰 충격에 빠질 겁니다. 더 예쁘거나 더 똑똑한 아이 또는 밤에 깨지 않고 푹 자는 아이를 얻기 위해 자기 자식을 내놓는 부모를 상상해보세요! 당연히 우리는 그런 부모의 사랑을 의심할 겁니다. 소크라테스가 말한 에로틱한 사랑은 물론이고, 친구와의 우정, 형제 간 우애 등, 모든 사랑이 그렇습니다. 사랑하는 사람들은 모두 똑같아요. 그들은 자신이 사랑하는 사람을 다른 사람과 비교하여 점수를 매기거나 그것을 근거로 다른 사람과 바꾸지 않습니다."

"내가 말한 사랑은 '에로틱한 사랑 한 가지'만이 아니라네." 소크라테스가 정중하게 지적했다. "자식을 사랑하는 부모는 자식을 통해 이데아를 떠올리고, 친구들 역시 마찬가지지. 내 생각에 사랑은 그냥 사랑일 뿐, 여러 종류의 사랑이 있는 게 아니야. 다시 말해 각각의 모든 사랑은 에로틱한…"

"어쨌든!" 막스가 참지 못하고 말허리를 끊었다.

"내 요점은, 소크라테스의 이론으로는 애인의 대체 불가성을 해명할 수 없다는 겁니다. 더 심각한 게 뭔지 압니까? 소크라테스의 이론대로라면, 원칙적으로 사랑하는 사람들은 자신에게 이데아를 상기시키는 것과 자신이 사랑하는 사람을 언제든 바꿀 의향이 있어야 합니다. 만약 디오티마가… 에… 누구를 예로 들면 좋을까… 그래요, 만약 디오티마가 예를 들어 아름다운 헬레나와 똑같이 아름답다면, 디오티마와 사귀든 헬레나와 사귀든 소크라테스에게는 '상관없는 일'이어야 마땅합니다. 그러나 소크라테스가 디오티마를 사랑한다고 가정한다면, 이런 상상 자체가 아주 기괴해 보이지 않습니까?"

"흠…" 소크라테스는 천천히 머리를 앞뒤로 흔들었다.

"깊이 고민해봐야겠군. 막스, 아주 중요한 지적이야!"

"정말입니까?" 지그문트가 냉소하듯 물었다.

"그게 그렇게 중요하다고요? 글쎄요, 난 잘 모르겠네요… 만약 막스의 말이 옳다면, '진정한 사랑' 같은 건 존재하지 않을 겁니다."

쇠렌이 지그문트를 멍하니 바라보았다. 임마누엘이 나섰다.

"잠깐, 지그문트. 막스 얘기를 좀 더 자세히 들어보면 좋겠어요. 그가 말하려는 대체 불가성이 정확히 무엇인지 아직 확실히 이해하지

: 3장 :

♡

71

못했거든요.”

“임마누엘, 뭘 더 알고 싶은지 맘껏 물어보세요!” 막스가 다소 오만하게 턱을 내밀며 말했다.

“먼저, 몇 가지만 물을게요. 사랑의 대상은 대체 불가라고 말했는데, 그러면 우리는 오직 한 사람만을 사랑할 수 있다는 뜻 아닌가요? 그렇죠? 지금 독점성을 강조하려는⋯”

“아니, 아니, 절대 아니에요! 당연히 동시에 여러 사람을 사랑할 수 있습니다. 자식이 여럿인 부모를 생각해봐요. 아주 당연한 거잖아요. 그리고 친한 친구도 여럿이고. 낭만적인 사랑에서도 동시에 여러 사람을 사랑할 수 있어요. 어떤 경우든, 사랑의 대상은 대체 불가입니다. 우리가 누구를 사랑하든 마찬가지입니다. 우리는 사랑하는 사람을 다른 사람과 바꾸지 않을 겁니다.”

“그들을 바꾸지 않을 거라는 말이 정확히 ‘무슨 뜻’이죠?”

“짧은 예화를 하나 들려드리죠. 자식이 한 명 있다고 상상해보세요. 어느 날 이 아이가 납치를 당해요. 우편함에서 납치범의 편지가 발견되고요. 납치범은 아이를 돌려보낼 생각이 없어요. 대신에 다른 아이를 유모차에 태워 보냅니다. 납치된 아이와 아주 똑같이 생긴 아이를요. 둘은 실제로 구별하기가 어려울 정도로 닮았어요. 그럼에도 여러분은 아마 아이를 잃어 아프고 미칠 지경일 겁니다. 어쩌면 여러분은 시간이 지나면서 차차 새로운 아이도 사랑하기 시작할 겁니다. 그러나 새로운 아이에 대한 사랑이 진짜 아이의 상실을 이기지는 못합니다. 둘째의 탄생이 첫째의 죽음을 이기지 못하는 것과 같습니다. 상황에 따라 둘째 아이 덕분에 상실의 고통을 더 쉽게 이겨낼 수는 있겠지만, 모든 걸 원래대로 다시 좋게 만드는 건 아닙니다.

돈은 잃어버린 만큼 새로운 돈이 생기면 원래대로 다시 좋게 됩니다. 우리는 돈을 잃어버리기 전과 똑같이 잘 지냅니다. 그러나 아이의 상실은 그 무엇도 다시 원래대로 좋게 만들지 못합니다… 우리가 할 수 있는 일은 그저 어떻게든 이겨내며 사는 법을 배우는 것뿐입니다.

자식만이 아니에요. 우리가 사랑하는 모든 사람이 그래요. 사랑하는 사람의 상실은 그 무엇으로도 다시 원래대로 좋게 되지 않아요. 대체물이 없어요. 그러므로 사랑하는 사람의 죽음은 우리의 삶을 송두리째 흔들어놓습니다. 일면식도 없는 어떤 사람의 부고를 신문에서 읽으면, 비록 우리는 잠시 마음이 짠하고 숙연해질 수는 있겠지만 고통을 이겨내며 다시 살아가는 법을 배울 필요는 없습니다."

"하지만 때때로 우리는 사랑하는 사람을 떠나고…"

"물론입니다!" 막스는 흔들림 없이 주장을 이어갔다.

"사랑하는 사람을 절대 떠나지 않는다는 말이 아니에요. 여러 이유로 곁에 있지 못할 수 있죠. 그러나 '떠남'에는 여러 의미가 있고, 모든 떠남이 상실은 아닙니다. '설령' 사랑하는 사람을 떠나기로 결심하더라도, 그것이 반드시 사랑하지 않는다는 뜻은 아닙니다. 수천 명이 사는 섬이 바다에 잠길 위기에 처했고, 그들을 살리려면 사랑하는 사람을 떠나야 한다고 상상해보세요. 이런 상황이라면 분명 도덕적인 결단을 내려 사랑하는 사람의 상실을 받아들일 수밖에 없을 겁니다. 그러므로 이런 결단을 내렸다고 해서 덜 사랑하는 건 아닙니다. 사랑하는 사람에 대한 대체물이 없다는 것을 충분히 알면서도 상실의 아픔을 감수하는 것입니다. 따라서 결론은 같습니다. 애인 또는 애인에 버금가는 바로 그 사람이 곁에 있느냐 없느냐는 결코 '상관없는 일'이 아닙니다. 어떤 이론은 그 반대를 암시하고, '사랑이 결국 효용성 가늠'이라고 보는데, 그 이론은 확실히 틀렸습니다. 사랑은 효용성 가늠이 아니고, 애인은 목적을 위한 수단이 아닙니다! 탕.탕.탕. 끝."

다른 학문과 마찬가지로 철학에서도 종종 각각의 연구대상을 머릿속에서 실험하는 이른바 '사고실험'이 필요하다. 이를테면 특정 상황, 경우에 따라 완전히 비현실적인 상황도 상상한다. 그리고 그 상황에 대한 자신의 고유한 반응을 점검한다. 어떤 이론을 옹호하고 각각의 사고실험을 얼마나 타당하게 여기느냐에 따라, 철학자들은 사고실험 결과를 근거로 특정 명제를 지지하거나 반박한다.

"막스의 비판은 사실 더 많은 이론을 저격하고 있습니다." 임마누엘이 의견을 냈다.

"헬레나가 아름답기 때문에 파리스가 헬레나를 사랑하는 거라고 가정해봅시다. 파리스는 헬레나의 미모를 높이 평가해요. 하지만 그것은 지혜를 추구하기 위한 수단으로서가 아니라 아름다움 그 자체를 높이 보는 겁니다. 그렇다면 여전히 해명이 안 됩니다. 헬레나만큼 아름다운… 에… 그래, 똑같이 아름다운 디오티마를 가질 수 있다면, 헬레나의 상실을 그토록 아파할 이유가 없잖아요. 다시 말해, 사랑을 그저 애인의 특징에 대한 가치판단으로 (또는 적어도 그런 것에 기반을 둔 것으로) 보는 접근방식은, 애인의 대체 불가성과 완전히 충돌하는 것 같아요."

막스가 흥분하여 엉덩이를 들썩였다.

"바로 그겁니다! 사랑은 유용성 가늠이 아닐 뿐 아니라, 애인의 특성에 대한 가치판단 역시 절대 아니에요. 아름답다, 유쾌하다 등등 애인의 특징을 어떻게 판단하든, 대체 불가성 문제에 맞닥뜨리게 됩니다. 그 사람만이 가진 독보적인 특징을 모으는 것 역시 도움이 되지 않아요. 인간이 가질 수 있는 진짜 독보적인 특징은 극소수에 불과하고, 그런 특징 역시 특정 시공간의 영향 아래에 있습니다. 어떤 사람이 우연히 아주 독보적인 방식으로 수프를 먹을 수 있어요. 하지만 그런 특징은 사랑을 설명하기에 적합하지 않아요. 그런 특징은 그다지 가치가 높지 않기 때문이죠. 나는 왜 누군가를 사랑할까요? 단지 그 사람이 특정한 시각에 특정 장소에 있어서? 아니면 수프를 단숨에 들

: 3장 :

이켜서? 아닙니다! 그러므로 사랑은 소크라테스가 우리에게 가르치려는 것과는 뭔가 다른 것이어야 합니다."

"소크라테스가 말한 사랑도 이런 방식의 가치판단은 아니에요…" 아이리스가 반박하려 입을 뗐지만, 시몬이 불쑥 끼어들었다.

"사랑이 도대체 뭔데요? 솔직히 사랑이 애인의 특징과 완전히 무관한 것도 아니잖아요! 로미오와 줄리엣만 봐도 그래요. 그들의 사랑은 서로에게 매력적으로 보이는 어떤 특징과 관련 있는 게 틀림없잖아요! 로미오는 아름다운 팔과 환상적인 눈을 가졌고, 줄리엣은 부드러운 입술을 가졌을 뿐 아니라 몸동작 역시 흐르는 물처럼 유연하죠. 애인이 어떤 사람인지 상관없다니, 그런 생각이 오히려 기이하지 않아요? 비록 자식을 키워보진 않았지만, 부모의 사랑도 마찬가지라고 생각해요. 부모는 자기 자식이 최고로 멋지다고 느끼고, 그들이 가장 듣기 좋아하는 것 역시 자식들의 웃음소리예요. 사랑에서는 그런 것들이 더 중요한 것 같아요."

"나 역시 그것에 반대할 생각은 없어요." 막스가 열심히 끄덕였다.

"사랑은 애인의 특별함을 아주 잘 발견하니까요. 맞아요, 사랑은 애인의 본모습을 보여줘요. 사랑은 지금까지 감춰져 보이지 않던 본모습을 마침내 보이게 해줍니다. 사랑… 사랑은 '움직임'이에요!" 막스의 팔이 허공을 휘저었다.

"애인에게 담겨 있는 더 높은 가치로 향하는 움직임."

시몬은 회의적인 반응을 보였다.

"좀 더 명확하게 정리해주면 좋겠어요!"

"여기서 뭘 더 명확하게 설명하라는 거죠?!"

"그 '움직임'이란 게 뭐에요? 지금처럼 팔이 움직이는 것 같은 그런 건가요? 그런 건 아닐 거잖아요! 정신적인 움직임을 말한 거죠? 그러니까 그게 정확히 뭐냐고요! 그리고 애인의 중요한 특징은 어떤 역할을 하고 무엇보다 왜 '그것'이 애인의 대체 불가성을 해명하죠?"

막스가 한숨을 내쉬었다.

"어떻게 설명해야 할까… 정신적인 움직임은 역시…" 그는 적합한 낱말을 찾으려 애썼다.

막스 셸러는 《윤리학의 형식주의와 실질적 가치윤리학(Der Formalismus in der Ethik und die materiale Wertethik)》과 《공감의 본질과 형식(Wesen und Formen der Sympathie)》에서 사랑을 '애인에게 담겨 있는 더 높은 가치로 향하는 움직임'으로 규정한다. 애인에게 담겨 있는 더 높은 가치를 비로소 겉으로 드러내는 것이 바로 사랑이다. 그가 말하는 '움직임'에 대해 논란이 많은데, 가치를 인식하기 전에 이 움직임이 먼저 실행되기 때문이다. 말하자면, 애인에게 감춰져 있어 아직 겉으로 드러나지 않은 이 가치를 감지한 뒤 정신적으로 그곳을 향해 움직이는 것이 아니라, 그 반대라는 것이다. 움직임이 인식을 앞선다. 사랑이 먼저다.

"어떤 것에 무작정 끌리는 감정 같은 그런 걸까요?"

아이리스가 거들었다.

"사실, 더 높은 가치는 사랑을 통해 비로소 드러나는 겁니다."

막스가 힘주어 말했다.

"다시 말해, 먼저 사랑을 하고 그다음 더 높은 가치에 주의를 기울일 수 있고…"

모두가 잠시 할 말을 잃고 멍하니 있을 때, 아이리스가 다시 한번 더 시도했다.

"막스, 그 움직임이라는 걸 정확히 어떻게 상상해야 할지 잘 모르겠어요. 하지만 사랑이 뭔가 시선의 변화와 관련 있다는 생각은 아주 흥미로운 것 같아요. 우리는 사랑하는 사람을 갑자기 '올바르게' 보게 되는데, 사실 그것은 쉬운 일이 아니에요. 우리는 원래 다른 사람들을 단편적이고 왜곡된 눈으로 보니까요. 다시 말해 각자의 이기적인 관심에 맞춰 주의를 기울이고, 자신에게 유익한 시선으로만 상대를 보는 거죠. 하지만 사랑하는 사람을 보는 시선은 그렇지 않아요. 사랑의 시선은 인자하고, 관대하고, 선입견이 없으며 명료해요.

사랑이 그런 거라면, 애인의 특징과 사랑은 절대 무관하지 않아요. 우리는 애인이 가진 좋은 특징을 보거나, 막스의 말대로 좋은 특징을 향해 움직일 테니까요. 하지만 특징은 사랑의 '근거'가 될 수는 없어요. 특징을 보고 판단한 다음 사랑에 빠지는 게 아니라, 그 반대니

까요. 사랑에 빠지기 때문에 그 사람에게 눈이 가고, 사랑하는 사람을 제대로 보는 법을 배우는 거예요.

이런 접근방식이 비록 애인의 대체 불가성을 해명하진 못하지만, 적어도 굳이 해명할 필요는 없지 않아요? 생각해보세요. 애인의 특징이 사랑의 근거가 아니라면, 우리는 비슷한 특징을 가졌거나 중대한 부분에서 더 나은 사람을 원칙적으로 애인과 바꿔야 한다는 압박을 받지 않아도 돼요."

임마누엘은 계속 기록했다. 소크라테스는 턱을 괴고 생각에 잠겼다. 지그문트는 눈썹을 올렸다. 아우구스티누스는 창밖을 내다보았다. 쇠렌은 초조하게 볼펜으로 딱딱딱딱 테이블을 때렸다. 모두가 아이리스의 말을 곰곰이 되새기는 것처럼 보였다. 막스는 한 손으로 머리카락을 움켜쥔 채 다른 한 손으로 뭔가를 열심히 적었다. 시몬이 입을 열었고, 아이리스는 그런 시몬을 빤히 보았다.

"오케이, 그럴 수 있어요. 하지만 아이리스의 설명에는 중요한 게 빠져 있어요. 첫째, 도대체 어떻게 사랑에 빠지게 되죠? 애인의 특징이 사랑의 근거가 아니라면, 과연 무엇 때문에 사랑에 빠지게 될까요? 혹시 사랑에는 좁은 의미의 '근거'가 없이 그저 뜻밖의 일인 걸까요?"

"좁은 의미의 근거? 무슨 뜻인지…?" 임마누엘이 말끝을 흐렸다.

"내가 말한 좁은 의미의 '근거'란, 사랑을 받는 사람의 눈에 사랑으로 보이는 그 무엇, 사랑을 정당화할 그 무엇을 뜻해요."

시몬이 설명했다.

"반면 원인은, 많이 생각하지 않아도 그냥 애인에게 영향을 미칠 수 있어요. 하지만 확신 같은 경우에는 항상 근거가 있죠. 예를 들어, 유리창에 후두둑 물방울 떨어지는 소리가 들리면, 우리는 비가 온다고 확신해요. 말하자면 우리는 그 소리를 근거로, 비가 온다는 주장 또는 확신에 동의하죠. 그러나 근거가 전혀 없는 상황 역시 존재합니다. 예를 들어 질병이나 그 비슷한 상황이 그래요. 근거에 동의하기 때문에 독감에 걸리는 게 아니에요. 그저 어디에선가 감염된 특정 바이러스와 우리의 몸이 싸워야 하기 때문이죠. 바이러스 감염은 독감의 근거가 아니라 단순한 원인일 뿐이에요. '단순한 원인'이라고 한 건, 근거가 또한 원인이기 때문인데, 물론 근거는 당연히 '특별한' 원인입니다. 근거는 주체의 사고에 영향을 미칩니다. 이 정도면 명료한 설명이 되었을까요?"

사랑에 합리적 근거가 있느냐 아니면 단지 원인만 있느냐는 현대 사랑학에서 중요한 물음이다. 사랑에 합리적 근거가 있다면, 사랑은 원칙적으로 옳고 그름으로 판단될 수 있다. 반면, 사랑에 그저 생물학적 원인 같은 '단순한' 원인만 있다면, 사랑은 이성적 비판을 면한다. 사랑이 애인의 특징을 기반으로 하고 근거와 판단으로 결정된다는 이론은 합리주의적일 뿐 아니라, 대체 불가성 문제에 직면한다. 비록 비합리주의적 접근방식은 일반적으로 이런 문제에 봉착하지 않지만, 대신에 다른 문제에 직면한다. 예를 들어 사랑이 특정 가치판단과 전혀 무관하다는 주장 역시 의심스러울 수밖에 없는데, 특정 가치판단과 무관하다면 온갖 가치판단이 사랑과 관련될 수 있기 때문이다. 심지어 애인이 무가치하다거나 더 나아가 나쁘다는 판단까지도 가능해진다. 그리고 그것은 아주 기이하게 느껴질 것이다.

"고마워요. 도움이 많이 되었어요." 임마누엘이 대답했다.

"아까 '첫째'라고 말했는데…"

"아, 그렇군요. 둘째," 시몬이 말을 이었다.

"둘째, 아이리스의 설명은, 대체 불가성 문제에서 자유로울 뿐 아니라 그 문제를 해명하는 데도 도움이 되는 것 같아요. 막스는 시공간의 영향에 대해 말하면서, 애인이 언제 어디에 있느냐는 사랑에 중요하지 않다고 했죠. 하지만 나는 시공간의 영향이 중요하다고 봐요! 사랑하는 사람들은 그들만의 '역사'를 공유해요. 그래서 그들은 서로에게 대체 불가인 거예요. 막스의 예시에서 부모는 납치된 자식과 같은 역사를 공유했지만, 새로운 아이와는 아니죠. 그래서 두 아이가 거의 모든 면에서 닮았더라도, 부모는 '그들의' 아이를 원하는 거예요. 소크라테스는 디오티마와 같은 역사를 공유했지만 헬레나와는 아니죠. 그래서 헬레나와 디오티마가 똑같이 아름답더라도, 소크라테스는 디오티마를 원하는 거예요. 이런 방향으로 계속 나아가면, 사랑하는 사람들이 공유한 역사는 분명 사랑의 근거가 될 테고 적어도 여러 근거 가운데 하나는 되지 않을까요? 너무 단순한 설명처럼 들리나요?"

"흥미롭긴 하군요." 임마누엘이 대꾸했다.

"하지만 여기서 '역사'가 무엇을 의미하는지는 좀 더 명확히 할 필요가 있겠어요. 어찌 보면 우리는 지구상의 '모든' 사람과 같은 역사를 공유했으니까요."

"맞아요." 아이리스가 동의했다.

"막스가 말했던 아이를 한번 생각해볼까요? 아이는 잠에서 깨어나 우리를 보고 완전히 어리둥절하겠죠. 아이는 우리가 누군지 모르니까요. 어쩌면 울지도 모르죠. 우리는 아이를 꼭 안아줍니다. 우리는 정신을 차리고 아이에게 줄 아침을 준비해요. 그러는 내내 잃어버린 아이를 생각하겠죠. 그 마음이 얼마나 무거울지 말로 다 표현할 수 없어요. 하지만 이제 우리는 이 새로운 아이를 돌봐야 해요. 아이를 그냥 혼자 내버려둘 수 없어요. 이 아이의 진짜 부모는 어디에 있을까요? 아이에게 부모가 있기는 할까요? 그렇게 이들의 역사는 계속 이어질 테죠."

"더 나아가 우리는 만난 적이 없는 사람들과도 같은 역사를 공유할 수 있어요." 임마누엘이 바통을 이어받았다.

"예를 들어 우리가 한 번도 만난 적이 없는 사람들 또는 동쪽으로 1000킬로미터 떨어진 곳에 사는 사람들 등등. 그렇게 온갖 역사가 사

: 3장 :
—♡—

방에 퍼져 있다면, 역사를 공유하는 것만으로는 특별한 사랑과 대체 불가성의 근거를 댈 수 없을 겁니다. 그렇다면 사랑의 근거가 될 수 있는 역사란 어떤 것일까요?"

"맞는 말이에요." 시몬이 대답했다.

"그러므로 이 이론에서 말하는 역사란 무작위로 선정한 아무 역사가 아니라, 우리가 개인적으로 관여되고 우리에게 의미 있으며 우리가 계속 유지하고자 하는 그런 역사를 뜻해요."

"그래요, 분명 그런 식의 뭔가일 겁니다." 임마누엘이 끄덕였다.

"하지만 그러면, 공유한 역사의 가치가 너무 특별해져서 다시 대체 불가성이 생기고 말 거예요."

"뭐라고요? 이해가 잘 안 되네요…" 막스가 끼어들며 고개를 가로저었다. 임마누엘이 다시 말했다.

"애인을 잃은 사람에게는 불행히도 애인을 대체할 것이 없어요. 우리는 지금, 사랑하는 사람의 상실이 왜 그 무엇으로도 상쇄될 수 없는지, 그 이유를 해명할 이론을 찾고 있어요. 같은 역사를 공유했고, 그 역사가 아주 중요하더라도 모두가 대체 불가인 건 아니에요. 예를 들어 저기 구석에 있는 오래된 피아노를 봐요. 나는 저 피아노를 진심으로 사랑하고 가능한 한 오래 지니고 싶어요. 하지만 저 피아노가 결국 없어지더라도, 다른 대체물을 상상할 수 없을 정도로 그렇게 상실감이 크진 않을 겁니다. 피아노의 상실을 상쇄할 만한 다른 물건이 당연히 있을 거예요. 그것을 얻으면 나는 이전의 피아노와 똑같이 좋아하거나 어쩌면 더 좋아할 겁니다. 예를 들어, 저 피아노 대신에 어머니의 첫 번째 바이올린을 가질 수 있게 된다면, 나는 몹시 행복할 거예요. 애인과 공유한 중요한 역사는 피아노와 공유한 역사와 뭐가 다른 걸까요?"

"그러니까, 공유한 역사가 아무리 가치 있더라도, 애인의 대체 불가성을 충분히 해명할 수 없다는 거군요. 대체 불가가 되지 않고도 누군가와 가치 있는 역사를 공유할 수 있으니까요." 시몬이 임마누엘의 말을 받아 명확히 정리했다.

"그래요. 그리고 어쩐지 우리는 지금 계속 같은 얘기를 반복하고 있는 것 같아요. 어떤 관점에서 그리고 왜 애인이 대체 불가인지를 해명해야 할 역사가, 어쩐지 '대체 불가성'을 해명하기 위해 우리에게 '반드시' 가치가 있어야 하는 것처럼 느껴져요. 그렇다면 이런 접근방식은 더는 도움이 되지 않아요. 우리는 다시 원점으로 돌아가고 맙니다. 애인과 같은 역사를 공유했다는 사실은 우리의 토론 목적에 아무 소용이 없어요."

좌중을 둘러보던 임마누엘의 시선이 문득 아우구스티누스에게서 멈췄다.

"어떻게 생각하십니까?" 임마누엘의 질문에 아우구스티누스는 마침내 고개를 창에서 돌려 테이블에 둘러앉은 사람들로 향했다. 그가 막 입을 떼려는 찰나 지그문트가 끼어들었다.

"해명이 안 되는 게 당연합니다. 대체 불가성이라는 것 자체가 존재하지 않으니까요. 애인이 절대적으로 대체 불가라는 생각은 우리의 착각입니다. 자기기만이에요."

"진심이세요?!" 쇠렌이 놀라서 외쳤다. 당장이라도 지그문트에게 달려들 듯이 테이블 위로 몸을 바짝 붙였다.

"오히려 그 반대입니다. 사랑을 믿지 않는다면 그것이야말로 자기기만이죠! 사랑을 의심하세요? 그럼 모든 걸 잃은 겁니다."

"나는 사랑을 믿어요. 다만 애인의 대체 불가성을 믿지 않을 뿐입니다!" 지그문트가 태연하게 대꾸했다.

"사랑은 여러분이 생각하는 것만큼 그렇게 숭고하지 않아요. 사랑은 아주 현실적입니다. 우리는 리비도의 대상이 되는 사람을 사랑합니다. 리비도는 쾌락이라는 아주 단순한 목적을 가진 충동입니다. 물론, 결과적으로 더 복합적인 목적을 가질 수는 있겠죠. 쾌락은 발전, '생명', 지식을 추구하는 우리의 어떤 강박과 관련 있으니까요. 이 부분에서 나는 소크라테스와 생각이 같습니다. 어머니 또는 아버지와의 신체적 접촉이 최초이자 가장 강하게 각인된 쾌락 경험인 것은 분명 우연이 아닙니다. 부모가 우리를 안아주고 젖을 먹이면 우리는 보호와 안전을 느낍니다. 어머니의 품에 안겨 젖을 빠는 아기를 생각해보세요. 어머니의 살갗, 따뜻한 젖, 포만감, 그리고 또한 어머니의 눈빛,

관심, 목소리… 이 모든 것이 우리를 키우고 언젠가 '나'로 성장하게 합니다. 쾌락은 생기를 주는 충동입니다. 사랑의 대상이 무엇이든, 그것은 대체될 수 있습니다. 비슷하게 또는 더 깊이 리비도를 충족시키는 대상, 즉 비슷한 또는 더 큰 쾌락을 주는 대상으로 대체될 수 있습니다. 사랑에 빠져 있는 동안 우리는 사랑의 대상을 다르게 볼 수 있어요. 사랑은 애인을 드높이죠. 그래서 애인이 대체 불가인 것처럼 보일 수 있어요. 하지만 그것은 환상에 불과합니다."

막스가 지지를 요청하는 듯한 눈으로 쇠렌을 빤히 보았다. 그때 아이리스가 혼잣말처럼 중얼거렸다.

"진짜인지 환상인지 어떻게 알지?"

그러나 아우구스티누스가 목소리를 높이는 바람에, 아이리스의 물음에 아무도 답할 수 없었다.

"지그문트, 성급하게 결론짓지 맙시다. 대체 불가성을 해명할 여지가 아직 남아 있으니, 쉽게 포기할 필요 없지 않겠습니까? 맨 처음에 꽤 괜찮은 개념을 찾았었는데, 우리는 그 뒤로 더는 관심을 기울이지 않았습니다. '목적 그 자체'라는 개념 말입니다. 목적을 위한 수단일 뿐인 모든 사물은 다른 사물로 바꿀 수 있다는 막스의 말은 전적으로 옳습니다. 그러나 우리가 그 자체로 가치 있다고 여기는 사물, 즉 목적 그 자체인 사물은 대체 불가입니다. 우리가 그것을 원하는 것은 다른 어떤 목적 때문이 아니라, 그 자체를 원하기 때문입니다. 그것을 대체할 수 있는 것은 그 자체가 아니면 없습니다. 그리고 당연히 그 자체는 그 자체입니다!"

아우구스티누스는 흡족한 듯 싱긋 웃고는 계속 설명했다.

"목적 그 자체인 것은 가치 있는 특징을 가진 것과는 다릅니다. 만약 둘이 같다면, 임마누엘이 이미 말했던 것처럼, 똑같은 특징을 가진 다른 사물로 대체할 수 있기 때문입니다. 예를 들어, 아름다운 디오티마가 목적 그 자체라면, 그것은 아름다움이라는 가치 있는 특징을 지녀서가 아니라 '디오티마 그 자신'이기 때문입니다. 이렇게 생각해보면 어떻겠습니까? 사랑하는 사람들은 서로를 목적 그 자체로 보기 때문에 그들에게 애인은 대체 불가이다! 어떻습니까, 좀 더 단순하게 들리지 않습니까? 사실, 이 문제는 꽤 복잡해서, 한 인간이 목적 그 자체임을 증명하는 방법을 나는 평생 숙고해왔습니다. 한 인간이 목적 그 자체임을 증명할 객관적인 근거가 있습니까? 아니면 적어도 주관적인 근거라도? 그리고 누군가를 그 자체로 원한다는 것이 도대체 무슨 뜻일까요? 정확히 무엇을 원하는 걸까요? 그 사람의 존재? 그 사람이 곁에 있는 것?

솔직히 말하면, 목적 그 자체인 존재는 오직 신뿐이라고 나는 생각합니다. 그러니 우리는 오직 신만을 진짜 대체 불가로 여기고 사랑할 수 있습니다. 신 곁에 가까이 머물고 신을 아는 것. 그것이야말로 모든 것을 알고 이해한다는 뜻입니다. 신을 사랑하는 것, 그것이 전부입니다. 그 외 모든 것은 쓸모가 없거나 그저 목적을 위한 수단에 불가합니다. 이런 생각은 에로틱한 사랑, 친구와의 우정, 가족과의 사랑에서도 중요합니다. 우리는 신의 자리에 다른 사람을 두어선 안 되고, 우리가 신에게 가까이 가고 신을 이해하는 데 도움이 되는 한에서만 그들과의 관계를 돌봐야 합니다. 이것을 잊으면, 진리를 찾는 길에서 쓸데없는 일에 정력을 낭비하게 됩니다."

임마누엘이 주의 깊게 들었다.

"아주 좋은 의견이네요! 특별한 목적에 대해 계속 숙고하기. 그래요, 아주 생산적일 것 같습니다… 비록 오직 신만이 목적 그 자체가 아니라 모든 개인이 그렇다고 생각하지만요. 그러므로 나는 모든 인간에게 '존엄성'이 있다고 봅니다. 결국, 그것이 곧 대체 불가라는 뜻이고요. 자신을 대신할 동등한 그 어떤 것도 없고, 있어서도 안 되는 것, 그것이 바로 인간의 존엄성입니다. 바로 이것이 인간과 다른 가치 있는 사물과의 차이입니다. 그러므로 인간은 존중받아 마땅합니다. 그러나… 과연 사랑도 그럴까요?! 아니면 혹시 존엄성이 사랑을 가능하게 할까요? 우리는 존엄성 없는 사물을 진정으로 사랑할 수 없으니까요. 그런 사물은 언제든 대체할 수 있잖아요! 하지만 존중과 사랑은 구별되어야 합니다… 그 둘은 절대 똑같지 않으니까요."

임마누엘은 마지막 말을 거의 혼잣말처럼 하며 계속 기록했다. 시몬이 임마누엘 쪽으로 여분의 종이를 밀어주었다.

: 3장 :

◇

"잠시만요!" 막스가 나섰다.

"임마누엘의 생각은 그러니까, 인간이 이해력을 가진 존재로서 존엄성을 갖고 대체 불가라는 거군요. 사실 나는 예전부터 그게 좀 미심쩍었어요. 말하자면 이해력이 발휘될 때만 우리가 사랑할 수 있다는 얘기잖아요?!" 막스는 어이없다는 듯 큰소리로 웃었다.

"이해력과 사랑이라니… 정말 이보다 더 안 어울리는 조합이 또 있을까요? 1 더하기 1을 계산할 줄 알아서 누군가를 사랑하는 게 아닙니다! 어쩌면 임마누엘이라면… 하지만 어쩐지 철학병에 걸린 것 같지 않나요?"

임마누엘의 표정에서 모욕감과 조롱이 동시에 읽혔다.

"막스! 내가 말한 이성과 이해력을 완전히 잘못 이해했군요!" 임마누엘은 막스를 향해 냉정하게 쏘아붙이고 발언을 이어갔다.

"하지만 그건 별로 중요하지 않습니다. 인간의 존엄성을 어떻게 정당화하느냐는 여전히 열려 있으니까요. 어쩌면 여기 모인 몇몇은 타당한 근거를 제시하기 어렵다고 생각할 겁니다. 다른 사람과 상호작용하면서 그냥 그 사람을 존엄하다고 '경험하고', 이 경험이 관계 형성의 중심 요소가 되고 우리의 자아상에도 주입된다고 생각하죠. 고려할 만한 가치가 충분한 의견입니다. 하지만 그건 다음 기회로 넘기고, 지금은 그것이 과연 애인의 대체 불가성을 해명하는 데 도움이 되느냐만 따집시다. 어쩌면 사랑과 존중이 형제지간이라는 데서 그 해명을 찾을 수 있지 않을까요? 다시 말해 모든 개인이 '인간으로서' 갖는 존엄성은 존중과 관련 있고, 또한 사랑과도 똑같이 관련이 있습니다. 사랑과 존중의 차이는 오직 '관계 형식'뿐입니다.

"흠…" 시몬이 생각에 잠겼다.

"사랑은 존중보다 더 열정적이에요. 사랑은 욕망을 동반해요. 어쩌면 사랑이 곧 욕망일지도 몰라요. 애인과 함께 있고 싶은 욕망, 애인의 육체와 정신에 대한 욕망. 게다가 사랑에는 존중과 달리 도덕적 요구도 없어요. 다른 사람을 존중할 의무는 있지만, 다른 사람을 사랑할 의무는 분명 없잖아요, 안 그런가요?" 몇몇이 수긍했고 몇몇은 난감한 표정을 지었다.

시몬이 계속했다.

"그러므로 사랑과 존중의 차이를 명확히 할 필요가 있을 것 같아요. 하지만 그것과 상관없이, 과연 우리가 지금 여기서 얼마나 정확히 애인의 대체 불가성을 해명할 수 있을지 잘 모르겠어요. 임마누엘의 의견을 따르면, 존중을 받는 사람이 존엄성을 근거로 대체 불가이듯, 사랑을 받는 사람 역시 존엄성을 근거로 대체 불가라고 할 수 있어요. 존엄성을 갖는다는 것이 목적 그 자체라는 뜻이므로 결국 대체 불가이고, 모든 인간에게는 존엄성이 있으니까요. 그러나 사랑하진 않지만 존중하는 사람들과는 다르게, 애인이 '특별한' 방식으로 대체 불가인 까닭은 아직 해명되지 않았어요. 사랑하지 않지만 존중하는 어떤 사람을 잃었을 때의 감정과 사랑하는 사람을 잃었을 때의 감정은 완전히 달라요. 사랑의 상실이 훨씬 슬프고 아픕니다. 우리는 '그 까닭을' 해명하고자 했고요. 애인은 주관적으로 대체 불가인 반면, 존중은 객관적인 대체 불가성과 관련 있다고 말해야 할까요?"

소크라테스는 오랫동안 말없이 듣고만 있었다. 그는 여러 차례 자리에서 일어나 팔다리를 뻗고 있었다. 이제 갑자기 그가 끼어들었다.

"이보게, 동지들! 막스가 이 문제를 거론한 뒤로 나는 막스 말이 옳다고 생각했어. 내가 사랑했었고 지금도 사랑하는 사람들은 모두 내게 대체 불가로 보이거든. 비슷하거나 더 나은 특징을 가진 사람이 있더라도, 나는 사랑하는 사람들을 세상의 그 무엇과도 바꾸지 않을 거야. 그들을 잃는 상상만으로도 기분이 우울해져. 나 역시 젊었을 때는 지그문트처럼 생각했었고 이런 감정이 비이성적이라고 여겼지. 나는 디오티마와 많은 시간을 함께 보냈고, 감상적으로 보이고 싶지 않았어. 디오티마는 감정 과잉에 몸서리를 쳤으니까. 하지만 내가 오해한 걸 수도 있어. 내가 너무 앞서간 거지.

아무튼, 디오티마는 늘 이상하리만치, '내가' 무엇을 생각하고, 그녀의 질문에 '내가' 어떤 의견을 가졌는지를 중요하게 여겼어. 다른 사람들이 무슨 생각을 하는지 또는 나의 복제물, 그러니까 나와 '똑같은' 누군가가 무슨 생각을 하는지에는 전혀 관심이 없었어. 디오티마는 다른 사람의 의견이 아니라 오로지 나, 소크라테스의 의견을 듣고자 했어. 적어도 이 문제에서만큼은 나를 대체 불가라고 여기는 것 같았어… '나의 의견'이 그녀에게는 중요했던 거지. 이런 방식으로 나는 나의 고유한 의견을 존중하는 법을 배웠던 것 같아. 나의 영혼에서 대답 찾기 그리고 진지하게 깊이 생각하기.

디오티마의 태도 뒤에 깊은 통찰이 있었음을 이제 나는 알아. 아무튼, 영혼은 '다른 영혼'으로 대체할 수 없어. 우리가 영혼으로서 어떤 영혼과 대화할 때, 우리는 특징을 가진 대상이 아니라 행위자로서 그 영혼을 대해. 우리는 특징을 묘사하지 않고 상호작용하는 거야."

"소크라테스?! 괜찮은 거죠?" 막스가 당황하여 물었다.

"또 디오티마… 그 허구의 여자와 소크라테스의 관계는 참 복합적이기도 하네요…!"

지그문트가 말했다. 소크라테스는 천장을 올려다보았다.

"누군가를 행위자로 대하는 것은 작용과 반작용의 놀이를 펼친다는 뜻이야. 다른 사람을 '자유로운 사람'으로 보고, 그 사람의 행위에 대해 편견을 갖지 않는 거지. 다른 사람의 특징을 묘사하는 것은 이런 상호작용의 목적도 아니고 실제로 가능하지도 않아. 자유로운 행위자는 미래를 향해 열려 있고 자신의 의견과 신념도 바꿀 수 있어. 즉흥적인 표현에서도 언제나 그렇지. 진실을 확신하는 동안에만 자신의 의견을 주장하고, 의심할 만한 근거가 생기는 순간 언제든지 의견을 바꿀 수 있어. 우리가 다른 사람을 그런 행위자로 대하면, 그들이 우리에게 대체 불가인 것은 놀라운 일이 아니지. 특징을 묘사하지 않으면 비교도 없고, 비교가 없으면 똑같이 좋거나 더 좋은 후보자와 바꿀 일도 없어… 우리는 존재가 아니라 행위에 관심을 두거든."

"대단히 실존주의처럼 들리네요!" 시몬이 양손을 허리에 올리며 쾌활하게 말했다.

"누가 상상이나 했겠어요? 소크라테스, 실존주의 클럽에 가입하시다니, 환영해요! 이 사실을 사르트르와 다른 사람들에게도 얼른 알려야겠어요."

"이미 말했듯이, 누군가를 사랑하는 것은 그 사람과 철학적인 대화를 나누고자 하는 욕망과 같아. 사랑하는 사람과 나누는 철학적인 대화를 통해 우리는 지혜에 한 걸음 더 가까이 다가가기 때문이지. 이 생각에는 변함이 없어."

소크라테스는 천천히 테이블 주위를 돌며 말을 이었다.

"자, 보라고! 우리가 다른 사람을 대화 상대자로서 원하면, 방금 설명한 것처럼 우리는 그 사람을 행위자로 대해. 서로 대화하고 사색하는 그 모든 것이 행위이기 때문이지. 그러려면 당연히 인간은 자유로워야 하고, 자신과 타인의 자유를 최소한 인정해야만 해. 그러지 않으면 아무것도 작동하지 않아. 예를 들어, 상대방의 대답이 스스로 숙고해서 나온 게 아니라 기존 것을 그대로 옮긴 것이라 믿는다면, 우리는 그 사람과 진지하게 대화할 수 없어. 그러므로 사랑을 주는 사람으로서 나는 애인을 대체 불가로 여기지. 이렇게 보면, 우리가 지금까지 밝힌 여러 생각이 어느 정도 서로 연결되는 것 같지 않아? 물론 모든 것을 능가하는 목적이 있지. 바로 지혜야. 어쩌면 지혜는 생각했던 것만큼 그렇게 위험하지 않을지도…"

소크라테스 자리에서 위잉- 소리가 났다. 지그문트가 소크라테스 가방에서 스마트폰을 꺼냈다.

"소크라테스, 스마트폰이 있었어요?" 모두가 놀라움에 웅성거렸다.

"문자가 온 것 같네요."

지그문트가 자리에서 일어나 소크라테스에게 전화기를 건넸다. 이때 화면에 뜬 문자를 의도치 않게 보고 말았다.

"잘해요~ 화이팅! D로부터."

Freud ◆

Augustinus

Beauvoir

Socrates

Kant

Scheler

Murdoch

Kierkegaard

4장

사랑과 쾌락

지그문트 프로이트가
자신의 리비도이론을 방어하고,
참가자들은 육체적 사랑을 탐구한다

소크라테스가 발언을 마무리하기도 전에, 쇠렌이 쭈뼛쭈뼛 자리에
서 일어섰다. 모두의 시선이 쏠린 걸 느꼈는지 그는 얼굴이 새빨개졌
다. 그러나 꿋꿋하게 자기 의견을 발표했다.

"대체 불가성 문제는 사랑의 실체에 관한 토론으로 우리를 데려갔
습니다. 이제 토론을 어떻게 이어갈지 여러 선택지가 있고, 그 선택지
를 한곳에 모아 조망하는 것이 가장 좋을 듯합니다. 우선 막스가 주장
하는 대체 불가성을 진지하게 받아들일지 아니면 그냥 넘길지부터 결
정해야 합니다. 만약 막스의 주장을 진지하게 받아들여 애인을 대체
불가로 여기는 것이 사랑의 중심 요소라고 인정한다면, 그 즉시 몇몇
사랑 이론은 배제되어야 합니다. 예를 들어, 애인의 특징을 근거로 하

는 이론, 그러니까 아름답거나 재치있거나 똑똑해서 애인을 소중하게 여기는 것이 사랑이라고 보는 그런 이론. 그것에 대해 우리는 이미 얘기를 나눴습니다. 또한, 서로에게 중요한 이야기를 공유해야 사랑하게 된다는 이론 역시 비판을 면할 수 없을 것 같습니다."

말하는 동안 쇠렌의 표정이 점차 편안해졌고, 몸동작도 자연스러워져 당당해 보이기까지 했다.

"그러나 아이리스가 제안한 이론을 비롯한 여러 다른 이론은 더 토론해봐야 합니다. 아이리스에 따르면, 사랑은 판단으로 생기는 게 아니라, 그 반대입니다. 사랑을 통해 우리는 애인을 편견 없이 열린 마음으로 보고 올바르게 판단하는 법을 배웁니다. 우리의 눈은 이기적인 베일에 가려 있어 명료하게 보지 못하는데, 사랑이 이 베일을 벗겨줍니다. 사랑에는 여러 원인이 있을 수 있습니다. 예를 들어 생물학적 원인도 그중 하나입니다. 어쩌면 우리는 베일을 벗고 다른 사람을 편견 없이 열린 마음으로 보는 법을 능동적으로 배울 수 있을지도 모릅니다.

또한, 애인은 수단이 아니라 목적 그 자체라는 아우구스티누스의 주장도 있습니다. 사랑은 애인의 존엄성을 지향하므로 사랑과 존중은 형제나 마찬가지라는 임마누엘의 발전된 이론도 있고요. 그러나 시몬이 지적했듯이, 사랑과 존중은 욕망의 형식 면에서 아마 다를 겁니다.

그리고 마지막으로 소크라테스가 새로운 접근방식을 내놓았습니

다. 그는 지금까지 사랑을 늘 애인과의 철학적 대화 욕구로 이해했는데, 이제 여기에 뭔가를 추가합니다. 소크라테스에 따르면, 서로를 대화 상대자로서 마주한다는 것은, 서로의 특징을 묘사하고 비교하는 게 아니라 행위자로서 상호작용하고자 한다는 뜻입니다. 정신적 상호작용을 하는 것이죠. 그리고 그는 이런 식으로 막스의 대체 불가성 주제를 해명할 수 있다고 여깁니다. 사랑하는 사람들의 행동 방식은 교환과 거리가 머니까요."

쇠렌은 말을 멈추고 잠시 생각에 잠긴 채 왼쪽 새끼손가락을 살짝 깨물었다.

"물론 아직 충분히 익지 않은 생각입니다."

그런 뒤 쇠렌은 다시 말을 이었다.

"뭐랄까, 이것은 밑그림과 같습니다. 그래서 원한다면 더 세밀하게 묘사하고 채색할 수 있습니다. 이제 우리는 선택지를 계속 줄여갈 수 있게 도와줄 기준이 필요합니다. 애인의 대체 불가성 이외에도 토론해야 할 중요한 관점들이 아직 많이 남았습니다.

우리의 사랑 경험을 가장 잘 설명해주는 것은 무엇인가? 사랑은 올바르게 보는 눈인가 아니면 욕망인가? 우리가 말하는 사랑은 다양한 종류의 사랑과 얼마나 잘 맞을까? 사랑의 종류가 과연 다양하긴 할까? 그리고 우리의 삶에서 사랑이 왜 그토록 중요한지 가장 잘 설명해주는 것은 어떤 접근방식인가? 등등. 인간은 사랑의 진짜 원천에 닿을 수 없고, 사랑을 완전히 해명할 수 없습니다. 우리는 그저 가까이 다가가 우리의 삶과 영혼에서 행해지는 사랑을 더 잘 관찰하고 기술하는 법을 배울 수 있을 뿐입니다. 그러나 이 모든 생각을 다루기 전에, 우리는 근본적인 결정을 해야만 합니다. 대체 불가성을 다룬다면, 우리는 어디에 서야 할까요? 지그문트 옆 아니면 막스 옆? 그리고 어떤 근거로 어떻게 결정을 내리고자 합니까?"

"어째서 '어떻게'를 묻습니까? 결정은 갑자기 툭 튀어 오르는 '용수철' 같은 거라고 늘 주장하지 않았던가요?" 아우구스티누스가 물었다.

"결정의 근거 같은 건 없으니, 그냥 우리의 의지가 이끄는 대로 이쪽 또는 저쪽으로 따라가야 하는 거라 하지 않았습니까? 내가 제대로 이해한 게 맞다면 말입니다."

쇠렌은 순간적으로 말문이 막혔다. 그러나 그는 이내 뭔가 핵심을 찌르는 말을 했다.

"굳이 '모든' 결정을 즉흥적으로 할 필요는 없습니다. 어떤 결정은 근거를 토대로 내릴 수 있어요. 다만, '어떻게 살아야 하는가'처럼, 특정되지 않았을 뿐이죠. 우리의 대체 불가성 주제가 그런 종류의 질문이고 그래서 즉흥성이 요구되냐는 문제는 여전히 열려 있습니다. 그러므로 먼저 근거를 탐구한 후, 우리가 어디까지 갈 수 있는지 보는 건 어떨까요?"

어떤 결정은 즉흥성이 요구된다는 생각을, 쇠렌 키르케고르는 《이것이냐 저것이냐》

제2권에서 발전시켰다.

"좋은 제안인 것 같아요." 시몬이 넘겨받았다.

"여기 모인 사람들을 관찰한 결과, 모두 애인이 대체 불가라고 느끼고 있어요. 자식이나 애인 또는 친한 친구를 그냥 비슷한 특징을 가진 다른 사람과 바꿀 사람은 여기에 아무도 없어요. 지그문트조차 이 말에는 동의할 거예요. 지그문트, 그렇죠? 사랑하는 딸, 안나를 생각해 봐요…"

안나 프로이트는 지그문트 프로이트의 막내딸로, 성격뿐 아니라 학문에서도 아버지

와 많이 닮았다. 안나 역시 정신분석학자인데, 특히 아동 심리 분석으로 유명하다.

"맞아요, 거기까지는 동의합니다." 프로이트가 대답했다.

"프로이트, 그럼 비판하는 부분이 정확히 어디죠? 애인은 '원래' 대체 불가가 아니므로 그렇게 느끼는 것 자체가 환상이라는 건가요? 아니면, 애인을 이렇게 특별히 대하는 것이 비이성적이라는 건가요? 다시 말해 우리가 자기 자신 또는 애인에 대해 착각한다는 말인가요?"

"그렇게 딱 잘라 말할 수 있는 문제가 아닙니다." 지그문트가 대꾸했다.

"어떤 면에서 둘 다…"

갑자기 막스가 끼어들었다.

"쇠렌의 지적이 옳다고 봅니다. 왜 우리가 지그문트의 말을 믿어야 합니까? 우리 모두 애인이 대체 불가라고 느끼잖아요! 그러니 착각이 '아닌 것이' 훨씬 더 타당하지 않나요? 지그문트, 사랑에 대한 회의론을 우리가 진지하게 수용해야 하는 근거를 하나만 대보세요."

"그러니까…" 지그문트가 신중하게 대답했다.

"회의론이 언제 어디서나 적합하다는 건 절대 아닙니다. 그러나 우리는 경험과 감정을 그럼에도 순진하게 믿어서는 안 돼요. 먼저 철저히 분석해야 합니다. 종종 우리는 내면의 깊숙한 곳과는 전혀 다르게 겉으로 행동하기 때문이죠. 우리는 늘 자기기만 위에 앉아 있습니다."

"하지만 왜 우리가 특정 감정을 의심해야만 하는지, 분명 그 근거가 있을 거잖아요?!" 막스가 열을 냈다.

"분석되지 않은 '모든' 감정을 기본적으로 의심한다면, 우리는 결코 제대로 살아갈 수 없어요. 우리는 스스로 환자가 되어 끊임없이 우리 자신과 분열하게 될 겁니다. 생각만 해도 끔찍하지 않아요?"

"자기 자신을 분석하지 않으면, 오히려 자아와 분열하게 됩니다."

지그문트가 설명했다.

"자신이 진정으로 느끼고 생각하는 것을 모른 채 어둠 속에 머무는 사람은 자아라는 집의 주인이 될 수 없어요. 그런 사람은 온갖 심리의 노예일 뿐이죠. 영문도 모른 채 이탈 행동을 하는 자기기만과 억압의 결과입니다. 반면, 진실은 우리를 자기 자신과 화해하게 합니다… 이 점에서는 난 소크라테스와 의견이 비슷해요. 방금처럼 갑자기 실존주의로 전향하지만 않았어도 소크라테스는 여전히 나의 영원한 영웅이었을 텐데…"

"지그문트, 아직 나의 원래 질문에 아무 대답도 내놓지 않았어요. 애인을 대체 불가로 느끼는 우리의 감정을 의심할 근거가 뭐냐고 물었는데…" 막스가 불평하듯 웅얼거렸다.

"그 근거는 아주 간단합니다. 내가 이미 언급했었고 오랜 관찰을 통해 발전시킨 리비도 이론이 그 근거예요. 사랑은 쾌락과 관련 깊어요. 그리고 갓난아기 때 어머니의 젖가슴에서 가졌던 원초경험을 계속 반복하려는 시도와도 관련이 깊죠. 그러니까 아리스토파네스의 말이 완전히 틀린 건 아닙니다."

지그문트는 소크라테스를 보며 얼굴을 찡그렸다.

"젖을 빨 때 아기는 처음으로 만족감을 경험하고 어머니를 사랑하게 됩니다. 아이는 어른으로 자라면서 서서히 어머니로부터 멀어져야 하고, 그것은 당연히 아픈 일이죠. 그러나 다행스럽게도 리비도는 성욕을 만족시켜줄 다른 대상을 찾을 수 있어요. 알고 있죠? 여기서 '성'

이라는 말이 단지 '성기'만을 말하는 게 아니라는 거? 사실 '성욕'이라는 건 리비도를 자극하는 모든 것, 즉 쾌락과 삶에 대한 욕구와 충동을 뜻합니다. 그러니까 무사히 성장이 진행되면, 아이는 서서히 어머니의 상실을 극복합니다. 이처럼 사랑의 대상은 기본적으로 바뀔 수 있어요. 그렇지 않다면, 우리는 이런 첫 번째 상실을 결코 극복할 수 없을 테니까요.

그럼에도 우리가 모두 똑같이 착각 위에 앉아 있는 이유를 탐구하는 건 흥미로운 일입니다. 우리가 착각 속에 사랑을 믿는 것은 우연이 아니에요. 그 무엇도 그 누구도 애인의 상실을 없던 일처럼 되돌릴 수는 없을 겁니다. 나는 그것이 이런 첫 번째 상실 경험이 트라우마로 남았기 때문이라고 생각해요."

몇몇은 종이만 만지작거렸고, 몇몇은 헛기침으로 목을 가다듬어 반박할 준비를 했다. 소크라테스가 제일 먼저 입을 열었다.

"지그문트, 자네와 나는 정말 서로 비슷한 것 같군. 각자 내놓은 이론들을 보면, 둘 다 사랑을 상태와 과정으로 축소하고 있어. 근본적인 상태와 과정으로, 아니면 이렇게 말하는 게 더 나으려나… 각자 더 근본적이라고 여기는 상태와 과정으로. 지그문트의 경우 쾌락, 보존, 삶의 욕구이고, 내 경우는 지혜에 대한 욕망이고. 어쩌면 그래서 우리 둘 다 애인의 대체 불가성을 해명하는 데 어려움을 겪는 걸 거야. 대체 불가성은 사랑만의 뭔가 특별한 것이니까 말이야. 임마누엘의 말이 맞다면, 우리는 존중에서만 의견이 일치해. 충동이나 소망 같은 것으로는 대체 불가성을 제대로 설명할 수 없어."

"쇠렌과 나처럼 해봐요!" 막스가 끼어들며 외쳤다.

"우리는 정확히 반대로 해요. 사랑을 축소하는 게 아니라 모든 가능성을 사랑으로 축소하죠. 내 생각에, 우리가 세상에서 무엇을 감지하고 무엇을 숙고하는지 해명하는 것이 바로 사랑이에요. 우리가 무엇에 주의와 관심을 기울일지 결정하는 것이 바로 사랑이기 때문이죠. 세상에 대한 우리의 지식은 사랑에서 비롯되었어요. 사랑이 먼저예요!"

"그만!"

시몬이 다소 무례하게 말을 막았다.

"막스의 주장이야말로 지금 우리를 엉뚱한 길로 데려가고 있어요. 게다가 사랑이 먼저라는 아우구스티누스의 말을 가져다 쓰고 있잖아요." 막스는 삐친 사람처럼 잠시 가만히 있었다.

이 짧은 틈을 이용해 아우구스티누스가 새로운 질문을 던졌다.

"지그문트, 충동이 정확히 뭐라고 생각합니까? 특정한 생물학적 과정을 표현하는 낱말에 불과합니까? 내가 알기로, 오늘날 어떤 사람들은, 사랑이 그저 뇌에서 일어나는 특정한 신경 화학작용에 불과하다고 주장합니다. 아마도 호르몬 얘기겠지요? 도파민과 옥소… 옥시… 옥시-토-신. 당신도 이렇게 생각하는 겁니까?"

: 4장 :

"나도 읽은 적 있어요." 임마누엘이 끄덕이며, 한쪽 구석에 쌓여있는 최신 잡지 더미를 가리켰다.

"끼어들어 미안한데, 지그문트는 분명 그런 뜻으로 한 얘기가 아닐 거에요!" 시몬이 외쳤다.

"인간이 아닌 그런 물질에 대해 무슨 말을 할 수 있겠어요? 다른 행성을 상상해보세요. 그곳에는 인간과 비슷하게 행동하는 생명체가 있어요. 그들은 서로 감정을 주고받고 걱정해주고, 우리가 '사랑'이라고 부를 만한 행동을 할 수 있어요. 그러나 그들의 몸은 우리와 다르게 발달하여, 도파민과 옥시토신 같은 물질이 없어요. 이제 우리가 사랑을 이런 호르몬의 분비로 '정의한다면', 이 생명체들은 서로에게 사랑을 느끼지 않는다고 주장해야 할 겁니다. 그리고 서로 사랑한다고 믿기지도 않을 테고요."

"그렇죠, 로봇이 사랑할 수 있다고 보지도 않을 겁니다. 로봇의 머리에는 도파민 같은 호르몬 대신 그저 납덩이만 들었으니까요!"

임마누엘이 거들었다.

"도파민, 로봇….."

소크라테스가 놀란 얼굴로 고개를 절레절레 흔들었다.

"왜 이러세요! 스마트폰을 갖고 있다면 로봇에 대해서도 알 텐데!"

모두가 놀리듯 웃었다. 시몬이 말을 이었다.

"로봇이 사랑을 할 수 있느냐 아니냐는 쉽게 결론 내릴 수 있는 문제가 아니에요. 나중에 이 얘기도 나눌 수 있지 않을까요? 어쨌든 내 생각에, 사랑을 처음부터 인간에게만 한정 짓는 건 좋은 접근방식이 아닌 것 같아요. 그건 어쩐지 우리 내키는 대로 하는 느낌이 들어요. 내가 무슨 말을 하려는 건지 알겠죠? 사랑은 여러 면에서 실현 가능해야 해요. 소망이나 신념도 마찬가지고요."

다수가 끄덕였고, 아이리스가 덧붙였다.

"솔직히 우리가 '사랑'이라는 단어를 쓸 때, 예를 들어 누군가에게 사랑을 고백할 때 호르몬 분비를 염두에 두진 않잖아요. '사랑해'라는 말이 '널 보면 내 도파민 수치가 올라가'라는 뜻은 아니잖아요. '사랑해'라는 문장에 담긴 메시지는 호르몬 분비와 달라요. 훨씬 더 중요하죠. 이 메시지 안에는 고백한 사람에게 일어난 일들이 담겨 있어요. 삶이 예전과 달라졌다, 마음이 약해졌다, 세상이 달리 보인다, 근심,

두려움, 기쁨, 갈망의 대상이 달라졌다 등등. 그렇다고 사랑이 호르몬과 전혀 무관하다는 뜻은 아니에요. 도파민이나 옥시토신 같은 호르몬이 이런 새로운 변화의 '시작' 또는 '방아쇠'일 수 있어요. 어쩌면 정확히 이 임무를 위해 그런 호르몬들이 진화 과정에서 생겨났을지도 모르죠. 그것을 탐구하려면, 사랑과 영혼의 관계를 더 깊이 살펴야 할 거예요."

아이리스는 임마누엘의 표정을 힐끗 살핀 뒤 덧붙였다.

"물론, 이런 형이상학적 토론 없이 그냥 호르몬 논제를 배제해도 되고요."

"정말 눈물겨워 못 봐주겠군!"

막스가 외쳤다. 논쟁이 지겨워진 시몬이 끼어들었다.

"일단 아주 거칠게 정리해서, 사랑은 결정력을 가진 정신적 표현이고, 아이리스가 설명한 것처럼, 사랑하는 사람들에게 애인은 특별한 의미가 있다고 보면 어떨까요? 그러면 신념, 판단, 소망, 감정, 충동, 그 무엇이든지 우리는 더 열린 마음으로 대할 수 있어요. 물론, 충동이 정신적 표현이라면요. 하지만 사랑에는 내용이 있어요. 사랑에는 대상이 있어요. 우리는 '누군가를' 사랑해요. 하지만 호르몬에는 대상이 없어요."

"그럼 이제 다시 지그문트의 이론으로 돌아가봅시다. 지그문트, 당신이 생각하는 충동이란 무엇입니까? 부디, 충동을 단순히 특정한 생물학적 과정으로 보지 않기를 바랍니다만…"

아우구스티누스가 자신의 질문을 반복했다. 지그문트는 웃을 수밖에 없었다.

"하하하. 아주 까다로운 주제를 건드리셨습니다. 충동을 정의하기는 쉽지 않습니다. 그래서 내가 내린 정의는 물론이고 정신분석학회의 제안들 역시 나는 단 한 번도 완전히 만족하지 못했습니다. 그럼에도 설명하자면, 내가 말한 충동은 본능도 아니고 단순한 소망도 아닙니다. 언젠가 썼듯이, 충동은 끊임없이 흐르는 육체적 자극의 정신적 표현입니다. 아시겠어요? 정신적 표현! 행복! 어때요? 확실히 여러 면에서 실현 가능하겠죠?

아! 걱정하지 마세요. 원칙적으로 외계인에게도 리비도가 있다는 데 반하는 건 없으니까요. 충동은 그런 자극의 정신적 표현이니까요. 충동은 본능과 다릅니다. 충동은 정신 작용으로 상상력을 이용하고 그래서 대상과 목표가 진화적으로 어느 정도 확정된 본능보다 훨씬 변화무쌍합니다. 리비도는 본능 그 이상이라, 고전적 의미의 섹스나 더 나아가 생식과 무관한 대상까지도 리비도의 대상이 될 수 있습니다. 그것이 종종 변태 또는 페티시즘으로 연결되지만, 그것이 꼭 문제인 건 아닙니다. 오히려 그 반대죠. 수많은 예술과 문화적 성과들이 리비도 충동의 승화, 즉 이런 내면의 힘을 창조의 궤도로 끌어올리는 것과 관련이 있으니까요. 리비도의 목표 역시 아주 광범위해서 다양한 행위가 리비도와 연결됩니다. 그래요, 리비도의 목표는 육체적 쾌락이에요. 하지만 말했듯이, 어려운 문제를 이해했을 때, 어쩌면 또한 자식을 바라볼 때, 포옹할 때, 키스할 때도 육체적 쾌락을 경험할 수 있습니다. 이 모든 쾌락이 같은 원천에서 나옵니다."

"충동이 있고, 아마도 리비도는 인간의 중심 충동일 테죠. 리비도는 뭐든지 될 수 있고 말입니다."

아우구스티누스가 항변을 시작했다.

"하지만 내 생각에, 그것이 사랑을 완전히 해명하진 못합니다. 사랑 전체를 해명하기에 리비도만으로는 그냥 충분하지 않습니다. 우리가 지그문트의 말을 따른다면, 애인의 대체 불가성을 '뒤로 밀쳐두고' 그냥 착각이라 무시해버려야 할 뿐 아니라, 쇠렌과 아이리스가 앞에서 말했던 모든 것 그리고 리비도 행위와 사랑의 차이점도 해명할 수 없을 것입니다.

예를 들어 사랑은 상대에 대한 특별한 종류의 '염려'가 동반하는 욕망이라 할 수 있습니다. 신발 페티시가 있더라도 신발을 애인 돌보듯하진 않습니다. 사랑하는 사람들은 애인을 진지하게 염려합니다. 그들의 안녕과 고통은 전적으로 애인의 안녕과 고통에 달렸습니다. 애인을 위한 일이라면 심지어 목숨도 바칠 것입니다. 신발 한 켤레를 위해 그렇게까지 한다면 그건 미친 짓일 테고, 그런 사람은 당장 정신의학적 도움을 받아야 하지 않겠습니까?! 하지만 연인 관계라면 우리는 그런 행위를 다르게 봅니다. 미쳤다고 보지 않고, 상황에 따라 이해할 만하다고 여길 테고, 사랑과 애인의 무게에 맞는 타당한 행위라고 평가할 것입니다.

또한, 사랑은 말로 표현하기 힘든 행복 경험을 동반합니다. 축복을 받은 기분. 첫 아이를 품에 안았던 순간을 생각해보십시오. 애인과 보낸 특별한 순간, 사랑을 확인했던 순간들. 가슴이 벅찬 기분, 평생 누리고 싶은 환희. 리비도 대상에서는 그런 기분을 얻지 못합니다. 그런 감정이 바로 사랑에만 있는 고유한 특징입니다. 만약 사랑을 리비도로 축소하면, 이 모든 것을 설명할 수 없습니다. 아니면 그냥 과장으로 또는 잘못된 설명으로 분류하여, 설명을 끝내야 합니다."

아우구스티누스가 입을 다물었고, 침묵이 흘렀다.

쇠렌이 침묵을 깼다.

"이제 우리는 다시 결정의 순간에 섰어요. 사랑을 믿을 것인가, 아니면 사랑을 뇌의 장난으로 볼 것인가. 나는 사랑을 믿는 쪽에 서겠어요. 사랑은 사랑을 믿는 사람들에게 천국을 선사한답니다."

"흠, 천국은 좀 과장인 것 같은데…"

시몬이 말했다.

"좀 다른 얘기긴 한데… 지그문트, 환자들을 관찰함으로써 이론을 도출한다고 하셨는데, 애인의 상실을 슬퍼하는 사람들을 관찰한 적은 없지 않나요?"

"왜 없겠어요. 당연히 있지! 하지만 그걸 설명할 수 있는 것 역시 리비도 외에는 없는 것 같군요. 그리고 이론이 단순할수록, 전제조건이 적을수록 좋잖아요, 안 그런가요? 아무튼, 나는 지금까지 늘 그렇게 생각해왔어요. 이제 시간을 좀 주세요. 지금까지 나온 지적들에 대해 깊이 생각할 시간이 필요합니다."

Freud

◆ Augustinus ◆

Beauvoir

Socrates

Kant

Scheler

Murdoch

Kierkegaard

기계를
사랑할 수 있을까?

아우구스티누스가
인공지능과 섹스로봇에 관심을 보이고,
참가자들은 '의식'의 개념 정의에 고심한다

임마누엘이 시계를 보고 벌떡 일어섰다.

"아, 수프!"

그는 부엌을 향해 계단을 급하게 뛰어 내려가며 외쳤다. 이리저리
서성이다 문가에 막 도착한 소크라테스도 수프 옮기는 걸 거들기 위
해 뒤따라 내려갔다. 잠시 후 임마누엘과 소크라테스가 접시와 숟가
락 그리고 김이 모락모락 나는 냄비를 들고 돌아왔다.

"별거 아니고, 그냥 렌즈콩 요리예요."

임마누엘이 큰 국자로 수프를 뜨며 설명했다. 소크라테스는 빵을 자
르고 물을 나눠준 뒤, 테이블에 떨어진 빵 부스러기를 주워 먹으며 흡
족한 표정을 지었다.

"포도주도 있어요?"

지그문트가 조심스럽게 물었다. 임마누엘이 말없이 양복 앞섶을 열었다. 안주머니에 고급 적포도주 두 병이 꽂혀 있었고, 임마누엘이 이제 그것을 능숙하게 열어 테이블 한복판에 놓았다. 사람들에게 따라주는 일은 지그문트가 맡았다.

"너무너무 멋져요!"

아이리스가 감탄했고, 모두가 동의했다. 그사이 아우구스티누스는 구석에 쌓여 있던 종이 더미에서 신문 하나를 가져왔다. 모두의 의아해하는 표정에 그가 답했다.

"아까 얘기했던 그 로봇에 관한 기사를 찾고 있는데… 그걸 AI, 인공지능이라고 하는군요. 그거, 참 흥미롭군…"

그는 수프를 먹으며 계속 신문을 뒤적였다.

"요즘 사람들은 인간과 로봇의 관계에 관심이 많은가 봅니다. 여기, 그것과 관련된 영화가 거의 매년 한 편씩 나오는 것 같습니다!"

그는 영화평론에 곁들여진 사진들을 가리켰다.

"영화에 나오는 로봇은 인간과 거의 똑같아 보입니다. 우리와 똑같이 생겼을 뿐 아니라, 우리처럼 말하고 아주 비슷하게 행동하고 같은 감정을 표현하는 것 같고… 그런데 대개 인간이 로봇을 사랑하고, 로봇도 인간을 사랑하는지는 잘 모릅니다. 관객이 결정해야겠지요. 사랑이 당연히 상호작용인 것처럼 보이지만, 과연 그렇게 믿어도 될까

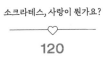

요? 로봇의 눈 뒤에 '누군가'가 있을까요? 과연 인간이 로봇을 진지하게 사랑할 수 있을까요? 비평가들도 그게 궁금한가 봅니다."

"로봇에게 의식이 있느냐에 달린 거 아닐까요?" 시몬이 말했다.

"의식이 없다면 로봇은 그저 특별하게 만들어진 컴퓨터에 불과하죠. 그냥 사물인 거죠. 그리고 사물은 사랑할 수도 없고, 사랑을 받지도 못해요. 인간이 로봇을 사랑한다면, 그것은 인간이 불완전하기 때문이고 로봇을 의인화하기 때문이에요. 아이들이 인형을 의인화하는 것처럼 말이죠. 신발 페티시를 얘기할 때 이미 다뤘어요. 신발은 상황에 따라 리비도의 대상일 수 있지만, 사랑을 받을 수는 없어요. 의식이 없는 다른 사물도 마찬가지죠."

"나 역시 같은 생각입니다. 인간은 사물을 사랑할 수 없어요." 테이블 끝에 앉은 임마누엘이 끄덕였다.

"아무튼, 누가 봐도 사물인 것이 아주 명확하다면, 우리는 그 사물을 사랑할 수 없어요. 착각으로 사물을 사랑한다면, 사물 자체를 사랑하는 것이 아니라, 사랑이라고 착각하는 그것을 사랑하는 겁니다. '환상'이죠. 우리는 때때로 초콜릿을 사랑한다고 말하지만, 그것은 과장된 표현일 뿐입니다. 초콜릿을 얼마나 즐겨 먹는지를 보여주는 표현일 뿐이죠. 피에타 또는 모나리자 같은 특정 예술작품을 사랑한다고 생각하는 경우는 약간 더 복잡하긴 합니다. 인간은 예술작품을 애인과 똑같이 사랑할 수는 없지만, 초콜릿과 다르게 그것을 염려하고 돌

보고 자신의 이익과 별개로 계속 곁에 두고자 합니다. 하지만 예술작품에도 한계는 있어요. 그것은 결코 사람을 대체하진 못합니다. 예술작품은 목적 그 자체가 아니라, 우리에게 무엇을 전달하느냐에 그 가치가 달려 있어요. 그리고 이런 역할은 원칙적으로 다른 예술작품이나 복제품도 할 수 있어요. 우리는 진품을 중요하게 여기지만, 단지 그것이 우리를 예술가에게 더 가까이 데려가기 때문이죠. 그러니까 예술작품의 가치는 여전히 원칙적으로 양도할 수 있어요. 이미 얘기했듯이, 인간은 그렇지 않고… 그러므로 만약 애인을 대체 불가로 느끼는 것이 사랑에 포함된다면, 인간은 예술작품을 진지하게 사랑할 수 없어요."

"임마누엘, 요점에서 벗어나지 마세요! 우리는 지금 로봇 얘기를 하고 있단 말이에요." 시몬이 경고했다.

"미안해요! 나는 그저 인간이 사물을 진지하게 사랑할 수 없다는 사실을 확실히 해두고 싶었을 뿐입니다. 로봇이 사물에 불과하다면, 인간은 로봇을 사랑할 수 없어요. 정말로 의식이 있고 없고가 중대한 차이점일까요? 만약 의식이 중대한 차이점이라면, 왜 그럴까요? 의식은 무엇이 그토록 특별해서, 오로지 의식이 있는 존재만이 사랑을 받을 수 있는 걸까요?"

"그야… 의식이 있는 존재는 개인이니까요. 개인은 쪼갤 수 없는 최소 단위라 할 수 있죠. 개인은 세상을 보는 한 가지 관점을 가졌기 때

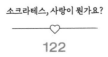

문이죠." 시몬이 설명했다.

"관점에는 시작점이 하나뿐이에요. 관점의 시작점, 즉 '원초 관점'은 '자아'고요. '자아'는 일반적으로 감각 경험과 정신적 사건들을 머리에서 하나로 합치죠. 그런 능력이 있는 한, 인간은 정신 활동의 행위자예요."

"정신… 활동?" 막스가 중간에 물었다.

"깊이 생각하는 그런 거요. 뭔가를 상상하고 계획하고 등등. 정신적 사건과는 달라요. 정신적 사건은 갑자기 뭔가가 기억나거나 기쁘거나 등등처럼 그냥 발생하는 일이니까 활동이라 할 수 없어요. 아무튼, 내 요점은, 의식이 개별성을 뜻한다는 거예요. 그리고 사랑은 우리가 오로지 개인을 상대로 가질 수 있는 태도고요."

"그러니까 동물도? 동물도 의식을 가졌고 개별성이 있잖아요."

"그렇죠, 안 될 이유가 없죠! 인간은 역시 자기가 키우는 개, 고양이, 말을 사랑해요. 그러니 사자나 코끼리 또는 소라고 사랑하지 못할 이유가 없죠!" 시몬은 확실히 이런 착상을 재밌어했다.

"그럼 악어나 금붕어는 어때요? 또는 거미? 아니면 하루살이?"

막스는 거미를 생각하며 몸서리를 쳤다.

"우리 가까이에 있고 우리와 관계를 맺을 수 있는 동물, 그러니까 고등 포유동물이 확실히 사랑하기가 더 쉬워요. 하지만 인간이 다른 동물도 사랑할 수 있다는 것을 배제할 수는 없을 것 같아요. 물론, 하

루살이의 경우 아주 기이하게 느껴지겠지만 말이죠. 그건 단지 하루살이에게 정말로 의식이 있는지 없는지 확신할 수 없기 때문일 거예요…."

"흠, 동물 예시에서 우리가 확인할 수 있듯이, 의식 하나만이 아니라 오히려 관계 맺는 능력, 어쩌면 더 나아가 '사랑하는 능력'이 있기 때문에, 우리가 어떤 존재를 사랑할 수 있는 겁니다. 그래서 양서류 같은 동물을 사랑하는 것보다 포유동물을 사랑하기가 훨씬 쉽게 느껴지는 거죠…." 막스는 물러서지 않았다.

"근거도 있어요. 사랑은 사랑을 받고자 하는 소망을 동반하고, 사랑하는 대상이 기본적으로 최소한 사랑에 응답할 능력이 있어야만 우리는 그런 소망을 품을 수 있어요. 하루살이의 경우 이런 소망은 아무 의미가 없어요. 그러므로 하루살이에게 의식이 있는지와 전혀 무관하게, 인간은 그들을 사랑할 수 없어요."

"불가능한 것을 소망할 수는 없나?"

쇠렌이 혼잣말처럼 작게 중얼거렸다.

"없다고 생각해요." 막스가 놀랍도록 침착하게 대답했다.

"인간은 소망을 이루려 열심히 노력해요. 그리고 인간은 불가능한 것을 열심히 노력할 수 없어요. 그렇죠? 마찬가지로, 인간이 로봇을 사랑할 수 있느냐 아니냐는 로봇에게 의식이 있느냐에만 달린 게 아니라, 오히려 로봇이 '과연' 사랑할 능력이 있느냐에 달렸어요. 내가 지금 '의식이 있느냐에만 달린 게 아니라'고 말한 까닭은, 오직 의식이 있는 존재만이 사랑할 능력이 있다고 확신하기 때문이에요. 사랑하는 사람을 정신적으로 대할 수 있어야 해요. 그러니까 정신적으로 애인에게 집중할 수 있어야 해요. 하지만 의식이 있다고 해서, 모든 존재가 반드시 사랑할 능력이 있는 건 아니에요."

"잠깐, 좀 천천히!" 아우구스티누스가 제동을 걸었다.

"나는 아직도 개별성을 가진 사물에 대해 숙고 중이란 말입니다. 시몬이 얘기했던 거! 인간은 개인으로서 '어떤 한 사람'이지 사물이 아니라는 뜻일 테지요. '어떤 한 사람'을 그냥 '주체'라고 불러야 하지 않을까 싶습니다만… 주체는 자신의 관점을 통해 세상을 대합니다. 때로는 오리 또는 생쥐처럼 매우 미개하게, 때로는 인간처럼 매우 복합적으로. 인간은 심지어 자기성찰적입니다. 인간은 의식이 있다는 걸 의식하기 때문입니다. 혹시 그 덕분에 인간이 정신 활동을 할 수 있는 게 아닐까요? 숙고 비슷한 소위 '정신 활동'을 할 때처럼 자신의 의식을 조종하고 영향을 미치려면, 인간은 분명 자신의 의식을 의식해야만 합니다. 아무튼, 주체는 내적 삶 또는 더 정확히 말해 '고유한 삶'을 가진 존재이고, 그러다 보니 결국 다시 존엄성이 중요한 의미를 띨 수밖에 없습니다. 고유한 삶을 가진 존재는 결코 목적을 위한 수단에 불과할 수 없고, 그런 존재는 언제나 오직 '자기 자신을 위해' 존재합니다. 주체는 목적 그 자체이고 그래서 인간은, 이미 토론했던 것처럼,

자신을 존엄한 존재로 여기고 대체 불가라고 말하고 싶어 합니다. 비록 내가 아까 오직 신만이 목적 그 자체라고 주장했지만, 지금은 약간 흔들리는군요. 혹시 의식이 있는 모든 존재가 목적 그 자체인 건 아닐까, 하는 의심이 듭니다." 아우구스티누스는 몸을 돌려 뭔가를 적었고, 그다음 머리를 흔들고는 다시 골똘히 생각했다.

"그리고 그것이 또한 설명해줄 거예요. 왜 인간이 주체이면서 동시에 사랑의 대상이 될 수 있는지." 임마누엘이 첨가했다.

"그렇습니다…" 아우구스티누스가 끄덕였다.

"나 역시, 인간이 주체이고 의식을 가졌다는 사실의 중요성에 반대하지 않아요. 그리고 당연히 인간에게 존엄성이 있고, 그에 합당하게 존중받아야 한다는 것도 동의해요. 하지만 '사랑을 받을 수' 있으려면, 역시 그 이상의 뭔가가 필요할 것 같아요. 그게 바로 '사랑하는 능력' 아닐까요?" 이제 막스가 다시 참여했다.

"그렇다면 무엇이 우리에게 사랑하는 능력을 줄까요?"

임마누엘이 물었다.

"기본 조건은 우선 주체와 사물의 차이에 관심을 가지는 겁니다. 사랑하는 능력이 있는 존재는 다른 주체에게 끌려요. 왜냐고요? 그들은 소통을 원하니까요! 그리고 소통은 오직 세상에 대한 관점과 태도를 가진 존재하고만 가능하죠. 그래야 소통할 수 있는 뭔가가 있어요. 그보다 더 흥분되는 일은 없을 겁니다. 우리는 다른 정신적 존재와 상호작용할 수 있어요." 막스가 다시 특유의 과장된 동작을 했다.

소크라테스가 환한 얼굴로 말했다.

"막스, 어떤 면에서 우리는 같은 의견이군."

그가 막스의 어깨를 토닥였다.

"최신 연구에 따르면, 아기들은 생후 첫날, 첫주에 벌써 이런 관심을 보입니다." 막스가 말했다.

"주목, 주목! 최신 연구래요!" 지그문트가 장난스럽게 외쳤다.

아기가 생후 첫날부터 얼굴, 표정, 언어에 특별한 관심을 보이는 것은 잘 입증된 사실이다. 이 주제에 관한 유명한 책이 바로, 다니엘 스턴(Daniel Stern)의 《유아의 대인관계 세계(The Interpersonal World of the Infant)》이다. 다니엘 스턴에 따르면, 유아는 생후 첫 3개월에 벌써 주체와 사물을 구별할 수 있다.

막스는 진지함을 유지했다.

"물론 아기들은 아직 사물에 반대되는 주체의 개념을 모르지만, 컴퓨터 소리 같은 기계음과 인간의 다정한 음성에 완전히 다르게 반응합니다. 심지어 생후 며칠 몇주 뒤에 벌써 아기는 컴퓨터보다 동물에게 더 많은 관심을 보이고 반응해요."

"그럼 다른 사람을 염려하고 동정하는 능력은 어때요? 그것이 사랑

하는 능력을 위한 또 다른 조건일까요?"

오랫동안 침묵하던 아이리스가 물었다.

"자기 자신을 낮추는 능력, 자신을 희생할 수 있는 능력 역시 중요해요. 소통에 성공하려면 그것 역시 필요해요. 다른 사람을 이해하려면 그들의 관점에 다가가고, 그들의 입장이 될 수 있어야 해요. 일부 사람들은 감정이입과 동감이 다르다고 주장하지만, 그렇지 않아요. 감정이입, 그러니까 공감 능력은 언제나 특정 정도의 동감을 동반합니다. 다른 사람의 입장이 되면, 우리는 무엇이 그를 움직이고 왜 그런지를 냉철하게 분석만 하는 게 아니라 오히려 그 사람과 함께 느낍니다. 예를 들어 우리는 그 사람의 행동 근거를 같이 느끼고, 적어도 그에게 일어난 소용돌이를 부분적으로나마 느끼죠. 그래서 그의 고난과 기쁨을 함께 괴로워하고 기뻐해요. '같이' 아파하기 또는 '같이' 기뻐하기. 이것이 동감과 뭐가 다르죠?"

"그것이 로봇에게 무슨 의미가 있을까요? 우리가 로봇을 진실로 사랑할 수 있으려면 로봇 스스로 사랑할 능력이 있어야 해요. 그들은 의식이 있어야 할 뿐만 아니라, 소통에 대한 독립적인 욕구는 물론이고 염려와 연민도 느낄 수 있어야만 하죠. 요구 조건이 아주 많아요."

임마누엘이 회의적으로 지적했다.

"맞는 말입니다. 조건이 너무 많습니다. 사랑할 능력이 있어야 사랑받을 수 있다면, 사랑에서 탈락할 대상이 너무 많습니다. 대표적인 예가 바로 아기들입니다. 막스 말대로 아기들은 일찍부터 다른 주체에 관심을 보이지만, 그들은 사랑받기 위해 갖춰야 할 이 모든 조건을 다 채우진 못합니다. 그렇다고 아기가 부모로부터 사랑받을 수 없다고 말하진 못할 것입니다! 부모는 분명 진지한 눈빛을 가진 작고 말도 없는 아기를 세상에서 가장 사랑합니다. 심지어 그들은 아기를 보기만 해도 천국을 얻은 것 같은 기분을 느낄 것입니다."

아우구스티누스가 말했다.

"부모는 아기의 미래를 미리 내다봐요! 부모는 아기 안에 숨어 있는 사랑할 능력을 봐요. 그 능력이 아직은 겉으로 완전히 드러나지 않지만, 부모의 사랑을 통해 조금씩 펼쳐집니다."

막스가 확신에 차서 대꾸했다.

"또한, 아기를 과소평가해선 안 됩니다." 지그문트가 거들었다.

"아기들은 첫눈에 보이는 것 그 이상일 수 있어요. 어쩌면 그들은 이미 사랑할 능력이 있을지도 모릅니다."

"아기는 그렇다치더라도, 다른 예들이 더 있습니다."

아우구스티누스가 맞섰다.

"염려와 연민을 느끼지 못하는 사람들은 어떡합니까? 예를 들어 나르시시스트. 우리가 그들도 사랑할 수 있을까요? 그렇다면 그것은 아주 괴로운 사랑일 것입니다. 무엇보다 사랑의 응답을 받지 못할 테니 말입니다. 그러나 이것도 사랑입니다."

"헷갈려서 묻는 건데, 지금 우리는 실질적인 사랑의 응답이 아니라, 사랑할 '능력'에 대해 말하고 있는 거죠? 당연히 우리 인간은 사랑의 응답을 똑같이 받지 못하더라도 계속 사랑할 수 있어요. 비록 소크라테스가 처음에 그 반대를 주장했지만, 나는 옛날에도 지금도 그 주장이 타당하지 않다고 생각해요. 하지만 사랑할 능력이 없는 사람을 원칙적으로 우리가 사랑할 수 없다는 막스의 명제는 더 타당성이 없는 것 같아요. 안 그래요?"

시몬의 물음에 여럿이 동의한다는 끄덕임을 보냈다.

"하지만 사랑을 주는 사람들은, 비록 겉으로 드러나진 않더라도, 결국 애인의 사랑 능력을 인정할 수밖에 없어요." 쇠렌이 중얼거렸고 다시 얼굴이 붉어졌다. 모두가 조용히 그에게 집중했다.

"진심으로 사랑하는 사람들은 애인을 가장 가까운 이웃으로 봅니다. 신에게 의지하고, 신 '안에서' 변화하는 이웃. 그리고 신이 있는 곳에 사랑이 있죠. 나는 다른 사람에게서 신의 사랑을 봅니다. 그러나 세상에 보여줄 수 있는 증거가 없을 뿐이에요. 그리고 소크라테스의 말이 옳아요." 이 말과 함께 쇠렌의 긴장된 얼굴이 다시 편안해졌다.

"우리는 애인의 사랑 능력을 볼 뿐 아니라, 애인이 '우리를' 사랑한다는 걸 압니다." 쇠렌이 발언을 끝냈다.

"쇠렌, 그렇다면 우리가 로봇도 사랑할 수 있다고 믿는 거죠? 로봇 역시 우리를 사랑할 수 있고?" 임마누엘이 물었다.

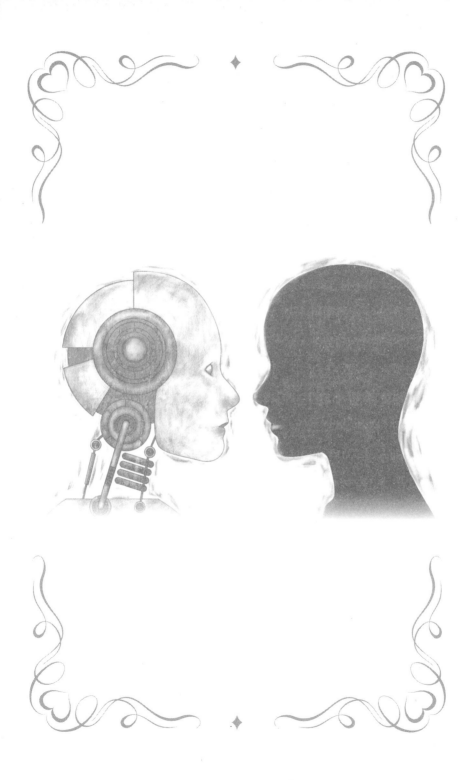

쇠렌은 대답할 마음이 있는지 없는지 알 수 없는 표정으로 말없이 있었다. 그리고 결심한 듯 입을 열었다.

"하나는 확실해요. 혹시 모를 착각을 조심하는 소위 신중함 때문에 사랑하지 않는 것이, 착각 위에 앉아 사랑하는 것보다 더 나빠요. 당연히 인간은 오직 인격체만을 아니, 주체라고 해야 하나? 하여튼 여러분이 그걸 뭐라고 부르든, 인간은 오직 인격체만을 사랑할 수 있어요. 신과 연결되어 있는 사람. 그러나 차이를 더는 느낄 수 없을 만큼 로봇이 발달하여 사람과 로봇의 경계가 사라진다면, 로봇 역시 인격체, 주체, 이웃에 속할 겁니다."

임마누엘이 끄덕였다.

"그래요, 언젠가 인공지능이 그만큼 발달해서 우리가 로봇과 사람을 구별할 수 없게 된다면, 우리는 도덕적으로 올바르게 행동해야 할 겁니다. 사물을 목적 그 자체로 대하는 실수가, 목적 그 자체를 사물로 대하는 실수보다 더 나으니까요. 그러므로 애매할 때는 로봇을 사람처럼 대하는 것이 안전합니다. 불확실할 때는 로봇에게 유리한 쪽으로!"

"하지만 그런 날은 아직 먼 것 같습니다."

아우구스티누스가 다른 기사를 가리켰다.

"로봇은 그사이 종종 인공지능이라 불리고 점점 더 똑똑해지지만, 아직 튜링 테스트를 통과하지 못한다는군요!"

"무슨 테스트요?" 막스가 물었다.

"튜링 테스트. 여기 적힌 내용에 따르면, 특정 시간 동안 피험자들은 누가 누군지 모른 채, 로봇과 대화를 하고, 사람과도 얘기를 나눕니다. 피험자가 대화 뒤에 누가 로봇이고 누가 사람인지 구별할 수 없으면, 로봇은 튜링 테스트를 통과한 겁니다. 이런 경우 로봇을 사람으로 봐야 하고 로봇에게 의식이 있다고 인정해야 한다고, 앨런 튜링이 주장했다는군요. 물론 논란의 여지가 아주 많지만, 순전히 이론상으로는 그렇다는 겁니다. 인공지능이 최근에 점점 더 발전했지만, 아직 어떤 기계도 이 테스트를 통과하지 못했다는군요. 적어도 대화가 특정 주제 없이 자유롭게 진행되면 로봇은 테스트를 통과하지 못합니다. 로봇과 직접 대화하면, 우리는 여전히 로봇임을 금세 알아차릴 수 있다네요."

수학자 앨런 튜링은 1950년에, 특정 로봇이 '모방 게임'을 얼마나 잘하는지 보여줄 테스트를 제안했다. 여기서 발전된 것이 바로 '튜링 테스트'다. 인간 피험자가 정해진 시간 동안 키보드를 통해(이때 이미지나 소리는 사용하지 못한다) 사람 또는 로봇과 대화한다. 이때 피험자는 누가 누구인지 모른 채 얘기를 나눈다. 대화를 마친 뒤, 피험자는 누가 로봇이고 누가 사람인지 답해야 한다. 답이 틀리면 '모방 게임'에서 로봇이 승리한다. 당시 앨런 튜링은, 2000년이 되면 승률 30퍼센트로 게임을 이기

는 로봇이 등장할 거라 예상했었다. 그가 아직 살아 있었더라면, 크게 실망했을 터이다. 인공지능 분야의 빠른 발전에도 불구하고, 아직 어떤 로봇도 30퍼센트 승률에 도달하지 못했다. (물론, 논란이 될 만한 몇몇 사례가 있기는 했지만). 튜링 테스트가 '정확히 무엇을' 테스트하고 그 결과가 무엇일지, 철학적 논란이 많다. 로봇이 이긴다면 우리는 로봇의 사고력을 인정해야 할까? 그리고 의식도? 도덕적으로 그리고 사회적으로 어떤 결과가 나오게 될까?

"피험자가 어디서 차이를 느끼는지도 거기 적혀 있어요? 로봇과의 대화와 사람과의 대화는 과연 뭐가 다를까요?" 아이리스가 물으며, 아우구스티누스 너머로 몸을 기울여 신문기사를 보았다.

"그렇게 상세하게 적혀 있지는 않습니다."

아우구스티누스가 대답했다.

"케이스 바이 케이스 아니겠습니까? 아주 간단할 때도 있을 것입니다. 로봇이 몇몇 질문에 그냥 답하지 못하고, 대화 중에 생기는 뜻밖의 변화에 유연하게 반응하지 못하는 경우 말입니다. 하지만 어쩌면 피험자가 둘의 차이점을 정확히 답할 수 없고 그냥 '느낌'으로만 알 때도 있을 겁니다. 그러니까 사람과 대화할 때는 그냥 진짜라는 느낌이 드는 겁니다. 사람은 대화프로그램을 단순히 따르지 않고 내용을 실제로 '이해'하니까요. 단순히 대화프로그램을 따르면, 인공의 느낌이 나기 마련입니다."

"하지만 우리가 로봇과 사람을 구별할 수 있느냐, 그리고 구별할 수 없다면 어떤 도덕이 우리에게 요구되느냐는 질문은, 로봇에게도 사람처럼 의식이 있느냐는 질문과는 달라요. 다시 말해 로봇이 사람처럼 행동하느냐 아니냐, 그러니까 '의식이 있는 것처럼 보이느냐 아니냐'는, 로봇에게 지금 의식이 있는지 없는지 확인시켜줄 정보를 거의 주지 않아요." 시몬이 생각에 잠겨 고백했다.

"그래요, 맞는 말이에요." 임마누엘이 대답했다.

"하지만 의식이 있는지 없는지를 확인시켜줄 증거는 없어요. 내 생각에 그런 건 애초에 존재하질 않아요! 인간의 경우, 스스로 확신하죠. 나는 내게 의식이 있다는 걸 분명하게 알아요. 하지만 다른 사람에게 그걸 제대로 증명할 수는 없어요. 내 머릿속을 들여다본다 해도 그저 회색 덩어리만 보일 뿐이죠. 의식은 실험으로 증명되지 않아요. 뇌와 정신의 동일성을 믿는 물리주의자들은 어쩌면 '아직까지는' 증명할 수 없는 거라고 꼬집어 말할 테지만요. 그러나 내 생각에 의식은 '외부에서' 증명할 수 없어요. 다른 사람의 눈에 나는 의식이 있는 것처럼 보여요. 내 눈에 그들이 의식이 있는 것처럼 '보이는 것'과 같죠. 우리는 아주 비슷하니까. 그러나 다른 사람의 의식을 감각기관으로 감지하거나 더 나아가 이론적으로 유도할 수는 없어요. 우리는 그냥 서로에게 의식이 있다고 인정하는 거예요. 아주 당연하게 그리고 별다른 숙고 없이. 그럼에도 서로 인정하는 거죠."

"말하고자 하는 요점이 뭐에요?"

시몬이 특유의 회의적인 표정을 지었다.

"질문들을 따로 떼서 보면 시몬의 말이 옳아요. 다른 사람과의 상호 작용에서 그 사람에게 의식이 있는 것처럼 '보인다고 해서' 그것만을 근거로 의식이 있다고 할 수는 없어요. 하지만 그것 말고는 그 사람에게 의식이 있음을 증명할 방법이 없어요. 로봇도 마찬가지죠. 그러므로 설령 원칙적으로 틀릴 수 있다 하더라도, 우리는 편안한 또는 불편한 마음으로 눈에 보이는 대로 믿을 수밖에 없어요. 지금까지는 로봇에게 의식이 있는 것처럼 보이진 않아요. 하지만 영화에서 암시하고 잡지에서 거론하는 것처럼 어느 날 상황이 달라진다면, 우리는 도덕성을 지키기 위해 로봇을 사람처럼 대해야 해요. 그렇게 본다면, 나도 쇠렌의 주장에 동의하는 거죠. 즉, 로봇과의 사랑을 원천적으로 배제할 근거는 없어요. 내 말의 요점은 이거예요."

"에고고… 좀 어렵네요." 시몬은 아직 만족하지 못했다.

"의식이 있는 것처럼 보이는 게 왜 그렇게 중요하죠? 로봇이 '거의' 의식이 있는 것처럼 보이면 정말로 상황이 완전히 달라질 거라 믿으세요? 정말로 그렇게 되면 어떻게 되는데요? 많은 경우 우리는 로봇을 주체로 보는 것 같고, 로봇과의 상호작용이 어쩐지 인공적으로 느껴지더라도 의심을 품는 경우는 거의 없어요. 그렇다면 로봇을 사물로 대해도 될까요? 아주 작은 차이 때문에 아주 큰 도덕적 차이가 생

소크라테스, 사랑이 뭔가요?

136

긴다면, 어쩐지 사물로 대하는 것도 이상할 것 같고… 아, 정말 모르겠어요. 내 생각에, 이 모든 것을 조금 다르게 접근해야 할 것 같아요. 도대체 의식이란 무엇이고, 납과 전선으로 만들어진 무생물이 과연 의식을 발달시킬 능력이 있는지 깊이 생각해봐야 할 것 같아요… 비록 개인의 의식을 증명할 수는 없더라도 의식의 본질에 대해 고찰할 수 있고, 그건 중요한 일이에요."

임마누엘은 조용히 생각에 잠겼다. 시몬은 잠시 기다렸다가, 임마누엘의 반응에 아랑곳하지 않고 외쳤다.

"전혀 다른 질문이 하나 있어요! 쇠렌은 사랑을 뭔가 좋은 것, 장난으로 대하면 안 되는 것, 신중해야 하는 뭔가로 확신하는 것 같아요. 그리고 소크라테스도 처음에 그 비슷한 얘기를 했어요. 사랑은 거대한 행복이고, 신이 인간에게 준 가장 큰 선물이라고. 정말 그래요? 여러분 모두 그렇게 생각해요?"

"잠깐, 잠깐! 시몬, 사랑과 좋은 삶의 연관성이야말로 진짜 완전히 새로운 주제입니다." 아우구스티누스가 말했다.

"그것만을 주제로 해서 새로운 토론회를 다시 열어도 될 정도란 말입니다."

아우구스티누스는 테이블을 붙잡고 자리에서 일어나 접시를 모으기 시작했다.

"우리는 사랑과 로봇에 관한 토론도 아직 제대로 매듭짓지 못했고,

: 5장 :

♡

토론할 것이 아직 많이 남았습니다. 우리는 사물을 적합한 사랑의 대상으로 보지 않고, 사물은 사랑할 능력이 없다고 확신하니, 모든 것은 로봇이 사물이냐 아니냐에 달린 것 아닙니까? 우리는 사물의 반대를 주체라고 봅니다. 주체는 의식이 있는 존재, 즉 세상을 보는 관점과 태도를 가진 존재, 고유한 삶을 가진 존재입니다. 사랑의 대상이 되려면 '적어도' 주체여야 합니다. 그게 상식입니다. 그러나 주체이기만 하면 충분한지 아니면 사랑할 능력도 있어야 하는지는 논쟁의 여지가 있는 것 같습니다. 일부 주장에 따르면, 사랑은 응답받기를 원하고, 모든 소망은 적어도 그것이 이루어질 '가능성이 있을 때' 생깁니다.

어떤 경우든, 일단 로봇에게 의식이 있는지 없는지를 조사하는 것이 중요합니다. 아직은 로봇에게 의식이 '없는 것처럼 보이고', 튜링 테스트 역시 아직 통과하지 못합니다. 그러나 언젠가 로봇이 이 테스트를 통과하면 어떻게 될지를 우리는 이미 토론했습니다. 로봇이 튜링 테스트를 통과하는 때가 오면, 로봇이 주체처럼 보이기 때문에 로봇을 주체로 대할 근거가 우리에게 과연 있을까요? 더 나아가, 로봇을 우리 중 하나로 인정할 도덕적 의무가 있을까요? 끝으로 몇 가지 질문이 더 남았습니다. 정확히 언제 누군가가 사랑의 대상이 됩니까? 로봇에게 의식이 있는지 없는지 어떻게 정합니까? 기반으로 삼을 만한 증거로는 어떤 것들이 있습니까?"

"고마워요, 아우구스티누스. 도움이 많이 되었어요."

소크라테스, 사랑이 뭔가요?

지그문트가 냅킨을 접었다.

"하필이면 내가 또 섹스 얘기를 꺼내는 것이 눈총받을 수 있다는 거, 나도 잘 압니다. 하지만 아무도 그 얘기를 꺼내지 않으니 어쩌겠어요. 사랑과 섹스는 확실히 관련이 있고 아주 중요한데도 여러분은 자꾸 사랑과 섹스를 분리하고자 합니다. 자, 우리 섹스에 대해 한 번 더 생각해봅시다. 섹스로봇이 과연 뭘까요? 섹스로봇의 인기가 날로 높아지고 있어요. 그러나 언뜻 봐도 이 경우 뭔가 잘못되었다는 생각이 들 겁니다. 로봇이 사물인 이상, 인간은 로봇을 온갖 성적 목적에 사용해도 되지만, 단순한 사물에서 벗어나 어쩌면 의식을 가진 존재가 되면, 섹스로봇은 곧바로 문제가 되고 성폭력이 거론될 수 있어요. 적어도 합의된 섹스가 아니라면 폭력인 거죠. 안 그런가요?"

"지그문트, 방금 '언뜻 봐도'라고 말했는데, 자세히 보면 잘못되었다는 얘기를 하려던 거죠? 그렇죠? 내가 생각하기에도…" 임마누엘이 말했다.

"맞아요. 설령 로봇이 사물이라고 해도 섹스로봇을 사용하는 것이 정말 아무 문제가 없을까, 의구심이 듭니다. 이 자동인형의 매력은, 우리의 상상력을 소름 돋을 정도로 자극한다는 겁니다. 설령 로봇이 주체가 아님을 우리가 알더라도, 우리는 쉽게 그것을 진짜 주체라고 상상할 수 있어요. 섹스에서 상상은 아주 중요한 역할을 하고, 적어도 인간의 섹스는 많은 부분이 머릿속에서 진행됩니다. 그리고 이제 로봇에 대한 재량권이 완전히 인간에게 있고 로봇을 진짜 섹스 상대로 두는 데 도덕적 한계가 없다면, 로봇을 주체로, 즉 사람으로 상상하는 것이 과연 괜찮을까요?"

"지그문트도 도덕에 관심이 있었다니, 놀랍군!"

임마누엘이 살짝, 학교 선생님처럼 지그문트를 칭찬했다.

"물론이죠! 내가 도덕 문제에 관심이 없을 거라는 짐작은 오해세요. 나는 그저 다른 사람을 성급하게 재단하지 않을 뿐입니다. 나는 먼저 다른 사람을 이해하려고 노력합니다. 섹스는 도덕적으로 매우 흥미로워요. 무엇보다 섹스는 통제하기 어렵고 무의식이 조종하며, 어린 시절의 두려움이나 쾌락과 관련 있는 판타지와 동행하기 때문이죠. 섹스는 유년기의 이런 감정에서 형성되어 분석 없이는 이해하기 어려운 연상들과 관련이 있어요. 그래서 임마누엘에게는 섹스가 그렇게 미심쩍어 보이는 겁니다."

임마누엘은 당황하여 주변을 둘러보았고 중얼거렸다.

"꼭 그것 때문만은 아니에요. 또한, 이런 판타지 없이도 섹스는 종종 착취적입니다. 인간은 자기만족을 위해 다른 사람을 수단으로 전락시켜요. 그것은 특정 조건에서만 허용되어야 해요. 합의만으로는 너무 약해요. 제대로 된 계약이 있어야만 합니다. 두 사람이 완전히 동등한 행위자로서 만나 서로에게 수단으로 이용되는 것을 허용하는 계약." 임마누엘은 확실히 이 주제가 불편했다.

아이리스가 도와주려 나섰다.

"나는 생각이 달라요. 섹스 때 반드시 수단으로서 서로가 필요한 건 아니에요." 그녀가 느긋하게 외쳤다.

"다른 사람을 주체이자 목적 그 자체로 인정하는 것과 섹스는 전혀 모순되지 않아요. 때로는 섹스가 바로 이런 인정의 표현일 수 있어요. 예를 들어, 사랑해서 하는 섹스라면요. 다른 사람이 우리의 정신과 육체에 동시에 미치는 매력은 역시 개인의 대체 불가성을 통찰하는 데서 비롯돼요. 그러니까 내 말은, 글자 그대로의 통찰, 꿰뚫어 봄을 뜻해요. 인간은 정신의 눈으로 '봐요'. 소크라테스 식으로 말하면, 인간은 영혼의 아름다움을 '봐요'. 그리고 가능한 한 아름다운 영혼 가까이에 있고자 하고, 그 안에 잠기고자 하죠. 아리스토파네스의 신화에서처럼, 반드시 하나가 되어야 하는 건 아니에요. 사실 인간은 다른 사람과 똑같이 되려는 게 아니라 그저 그 사람 '곁에' 머물고자 하기 때문이죠. 두 사람이 하나가 되어버리면 서로 주고받는 게임에서 설렘이 사라져버려요. 그러나 '상황'에 따라 섹스는 분명 비도덕적일 수 있어요. 그리고 상대가 동의하지 않을 때뿐만 아니라, 둘 중 한 사람이 원치 않고 다른 한 사람이 그 사실을 아는 것만으로도 섹스는 비도덕적이라고 생각해요. 동의란 자신에게 재량권이 있는 뭔가를 다른 사람에게 그저 허락한다는 뜻이지, 반드시 그것을 원한다는 뜻은 아니에요. 예를 들어 내가 아우구스티누스에게 내 펜을 쓰도록 허락한다면,

그것은 아직, 그가 내 펜을 쓰기를 내가 '원한다'는 뜻은 아니에요. 어쩌면 나는 그가 나의 허락을 그대로 받아들이지 않기를 속으로 바랄 수도 있어요."

아우구스티누스는 메모하느라 쓰고 있던 볼펜을 얼른 아이리스에게 밀어주었다. 아이리스가 다시 볼펜을 아우구스티누스에게 밀어주고 웃었다.

"그냥 예시일 뿐이에요, 아우구스티누스! 맘껏 쓰세요! 나는 심지어 그러길 바랍니다! 내 요점을 말하면, 섹스에서는 두 사람이 그것을 원하고, 더 나아가 두 사람이 섹스를 원하는 것이 두 사람 모두에게 '중요'해야 합니다. 그렇지 않나요? 안 그러면 섹스는 문제가 되고 또한 무의미하죠. 만약 한 사람이 섹스를 원치 않고 더 나아가 흥미가 없다면, 어떻게 설렘을 가지고 서로를 만질 수 있겠어요?"

아우구스티누스는 평온해 보였다. 하지만 갑자기 볼펜으로 테이블을 치며 경고했다.

"섹스는 항상 이런 식입니다! 자꾸 딴 길로 새게 하는 경향이 있단 말입니다! 우리는 지금 로봇 얘기를 하던 중입니다. 여러분은 지그문트의 걱정에 대해 어떻게 생각합니까?" 소크라테스가 아우구스티누스를 도와 테이블 정리를 시작했고, 둘은 쟁반 위에 유리잔을 올렸다.

아이리스가 계속 말했다.

"아, 그렇네요. 쏘리. 지그문트의 걱정… 사실 나도 같은 걱정을 한

다고 말하려 했었어요. 로봇과 섹스를 하면서 로봇을 사람으로 상상하고, 로봇을 성폭행하는 거라고, 즉 로봇의 의지에 반하여 로봇과 섹스를 한다고 상상하는 것이 어쩐지 문제인 것 같아요. 다만 이런 기분을 해명하기가 쉽지 않네요. 순전히 상상만으로는 사실 진짜 사람에게 아무런 괴로움도 주지 않아요. 물론 로봇이 사물이고 의식이 있는 주체가 아니라고 여전히 인정됩니다. 그렇다면 우리의 불편함은 어디에서 오는 걸까요?"

"어쩌면 역시 누군가 괴로움을 느낄지 모르죠." 시몬이 말했다.

"특정한 사람이 아니라 모두가 괴로워하는 거예요. 누군가 어떤 사람을 순전히 수단으로 이용하는 상상에서 쾌락을 느낀다면, 그는 사실 거기에서 뭔가 매력과 끌리는 힘을 느끼는 거예요. 그리고 이런 태도가 벌써 우리 모두에게 상처를 주죠. 인간의 존엄성이 그것과 대립하니까요. 매력을 느끼는 것은 결코 윤리적으로 중립적이지 않아요. 설령 이런 끌림이 구체적인 행위로 실현되지 않더라도, 그것은 주체에 어떤 효력을 미치게 되어 있어요. 특정 상황으로 이끌고, 특정 사물을 느끼고 생각하게 하는 등등. 정신적 태도는 언제나 결과를 낳고 언제나 강력해요." 시몬은 거의 빈 포도주잔을 들어 한 모금 마셨다.

"아무튼, 나는 아주 의식적으로 '그'라고 말하는데, 적어도 지금까지 대다수 섹스로봇이 남성을 위해 생산되었고 여성의 육체를 모방해서 만들어졌기 때문이에요. 포르노 산업의 대중화와 함께."

: 5장 :

143

"하지만 이런 섹스로봇에 '좋은' 기능도 있을 수 있어요. 섹스로봇 덕분에 진짜 여성이 성폭력을 덜 경험하게 된다는… 섹스로봇이 이런 폭력 판타지를 채워주니까요. 그리고 설령 시몬의 말이 맞고 상상의 폭력이 나쁘더라도, 이런 나쁨은 분명 진짜 폭력의 나쁨보다는 훨씬 작습니다. 이런 논리가 결국 섹스로봇의 생산을 옹호할 겁니다."

지그문트가 곰곰이 생각했다.

"실험을 통해 확인해야 해요. 내 말은 그러니까, 정말로 그런 결과가 나오는지 말이죠. 어쩌면 섹스로봇이 오히려 반대로 진짜 성폭력의 감정적 문턱을 낮출 수도 있지 않을까요? 그것에 관한 연구들이 이미 있나요?"

시몬이 주위를 둘러봤지만 답할 수 있는 사람이 없었다. 아우구스티누스가 테이블 정리를 마치고 다시 자리에 앉아 신문을 읽었다.

"그러나 한 가지는 명백해요. '사랑'과 폭력은 서로 안 맞아요!"

아이리스가 말했다.

"사랑하는 연인들이 서로에게 폭력적일 수 없다는 말이 아니라, '사랑하기 때문에' 폭력을 쓴다는 건 있을 수 없다는 뜻이에요. 사랑하기 때문에 발생하는 살인이 없는 것과 같죠. 사랑에도 불구하고 사랑에 반하여 폭력이 일어나요. 사랑하는 사람들도 때때로 사랑에 모순되게 행동하도록 만드는, 사랑 이외의 다른 동기가 더 있기 때문이에요."

"사랑 자체는 늘 애인에게 좋은 것을 하고자 하니까?"

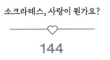

갑자기 귀가 밝아진 듯, 소크라테스가 물었다.

"다 귀담아듣고 있었군요!" 아이리스가 싱긋 웃었다.

"당연히 귀담아듣지. 난 모든 것을 아주 정확히 사색하고 싶거든."

"다시 정리를 좀 해야겠어요!" 임마누엘이 손뼉을 쳤다.

"우리는 지금 주제와 질문들만 쏟아내고 있어요. 토론할 내용을 차
례차례 순서를 정합시다. 시몬이 제안한 것처럼, 먼저 사랑과 행복에
관해 얘기합시다. 그다음 사랑과 도덕에 대해. 동의하죠?"

임마누엘은 자리에서 일어나 아우구스티누스로부터 접시 더미를
받아들고, 다른 손으로는 유리잔이 놓인 쟁반을 들고 문으로 걸어갔
다. 그는 놀랍도록 균형을 잘 잡았다. 그때 쇠렌이 자기 앞에 놓인 빈
포도주잔을 들고 급하게 뒤를 따르다 실수로 임마누엘의 팔꿈치를 치
고 말았다. 쟁반이 기울어졌고 유리잔이 바닥으로 쏟아져 산산조각
났다.

"오 이런, 이를 어쩌지, 죄송해요, 이런…."

쇠렌이 유리 조각 앞에 힘없이 무릎을 꿇었고 쥐구멍에라도 숨고 싶
은 듯했다. 임마누엘이 그 옆에 함께 앉아 쇠렌의 어깨를 감싸고, 일
부러 접시 더미도 떨어트렸다.

"쇠렌, 고마워요. 어차피 새것으로 바꾸고 싶던 차에 잘됐어요. 그
리고 그릇을 깨면 복이 온다잖아요."

Freud

Augustinus

◆ Beauvoir ◆

Socrates

Kant

Scheler

Murdoch

Kierkegaard

6장

사랑이
자율을 제한할까?

시몬 드 보부아르가 부권사회의 사랑을 분석한다.
사랑과 행복에 관한 토론이 불붙는다

깨진 조각이 모두 치워지고 빗자루가 다시 구석에 세워진 뒤, 소크라테스가 토론 재개를 선언했다.

"이제 행복과 불행에 관해 얘기할 때가 되었어. 피곤함이 몰려오는 노곤한 점심때잖아."

시몬은 어찌해야 할지 몰라 소크라테스를 빤히 보았다. 기다려야 할지 발언을 시작해야 할지 헷갈렸다. 창으로 들어오는 햇살을 받으며 깜빡 졸았던 임마누엘이 화들짝 정신을 차리고 말했다.

"잠시 쉬었다가 다시 시작합시다! 두 시간 뒤에 잠시 동네를 산책할 예정인데, 같이 가고 싶은 사람이 있다면 동행해도 좋아요. 하지만 그 전에, 시몬이 토론 주제를 간략하게 설명해주면 좋겠어요."

시몬이 시작했다.

"아주 간단해요. 어째서 우리는 사랑이 뭔가 좋은 거라고 확신하죠? 사랑은 종종 불행을 안겨주잖아요. 이를테면 내 사랑이 응답받지 못하면, 사랑하는 사람에게 나쁜 일이 생기거나 심지어 죽으면 우리는 끔찍한 아픔을 겪고 무엇에도 집중하지 못해요. 아침에 대체 불가성을 다룰 때 벌써 이것이 주제였잖아요. 사랑은 상처를 줄 수 있어요."

"하지만 사랑하는 사람이 곁에 있는 한 그리고 그 사람과 삶을 공유할 수 있는 한 우리가 느끼는 행복은 잠재된 아픔과 상처를 감내할 만큼 가치가 있어요. 우리는 사랑을 위해 위험을 무릅쓰잖아요. 위험이 없으면 좋은 것도 없어요, 그렇죠?"

아이리스가 의견을 내고 커피를 더 따랐다.

"무슨 소리! 위험이 없어도 좋은 것은 있습니다!"

아우구스티누스가 끼어들었다.

"신을 사랑하는 사람은 어떤 위험도 무릅쓸 필요가 없습니다. 신을 잃을 일은 없으니까요. 인간은 신 곁에서 두려움과 고통 없이 기뻐할 수 있습니다. 그래서 나는 오로지 신만을 사랑하고 세속적으로 좋은 것들은 뒤로 제쳐둬야 한다고 믿습니다. 아침에 이미 발표했던 그런 근거들에서 말입니다."

생각에 잠겼던 아이리스가 뭔가를 반박하기 전에, 다시 시몬이 발언권을 차지했다.

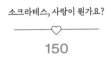

"잠깐, 내 얘기 아직 안 끝났어요! 아우구스티누스, 나는 지금 그저 다른 사람에 대한 사랑을 얘기하는 거예요. 나 같은 무신론자에게는 신의 사랑이 별로 중요하지 않거든요. 말했듯이, 사람을 사랑하는 일은 상처로 끝날 수 있고 그래서 위험이 따라요. 에로틱한 사랑이든 부모의 사랑이든 또는 친구 간의 우정이든 다 똑같아요. 그러나 특히 에로틱한 사랑에는 또 다른 위험이 있고, 우리는 그것을 숙고해야만 합니다. 설령 모든 일이 어느 정도 잘 진행되고, 사랑하는 사람을 잃지 않더라도, 그 과정에서 자기 자신을 잃을 수도 있기 때문이에요.

사랑에는 두 가지 모순된 경향이 있어요. 하나는 자율성을 강화하고 요구하지만, 또 다른 하나는 정확히 그 반대로 자율성을 억압해요. 사랑하는 사람들은 서로 소통하고, 서로에게 요구하고, 함께함을 기뻐하고자 하는데, 그러려면 두 사람 모두가 자유로워야 해요. 그런데 다른 한편으로 그들은 애인과 자신을 동일시하고, 애인과 똑같이 생각하고 행동하려는 집착이 있어요. 스스로 깊이 사색한 결과 그것이 옳다고 여겨서가 아니라, 그저 '애인'이 그렇게 하니까 그대로 따라 하는 거예요."

"그건…"

"아직 안 끝났어요, 임마누엘!"

시몬이 임마누엘의 말을 자르며 방어하듯 손을 뻗었다.

"특정 상황에서, 예를 들어 억압이 강한 부권사회에서 이 두 번째 경향이 특히 강한 효력을 내고 우위를 차지하죠. 부권사회에서 남자는 자아를 실현하고 자율을 누려야 마땅한 주체로 인정받지만, 여자는 한 남자 옆에서만 사회적 인정을 받아요. 여자는 독립적으로 자기 삶을 살지 못하고, 한 남자와 결혼하여 아이를 낳고 기르고 집안일을 도맡아 남편 뒷바라지를 하고 그의 삶을 공유해야 해요. 여자는 이런 사회에서 자신의 재능을 제대로 발전시킬 수 없고 맘껏 발휘할 수도 없어요. 기껏해야 재미로 취미활동을 할 수 있고, 그래서 종종 좌절하고 권태를 느끼죠. 특히 자식들이 커서 독립해나가면, 그들은 이런 좌절, 더 나아가 이런 고통을 막아줄 약으로 사랑에 집착해요. 아내는 남편에게 온전히 희생하고 남편은 그 보답으로 '아내를 위해' 살고, 큰 업적을 세우며 경력을 쌓아야 해요. 남편이 강할수록 아내는 자신의 부러진 날개를 보며 보람을 느끼죠. 남편에 대한 사랑이 아내의 사회적 무기력을 더욱 키워요. 그렇게 여성은 여성 억압의 공범자가 됩니다. 그러므로 이런 상황에서는 여성이 사랑을 거부하거나 적어도 남성과 전통적인 결혼을 하지 않는 것이 더 나을 수 있어요.

첫째, 자율이 사랑만큼 높은 선이고 어쩌면 더 높은 선일 수도 있는데, 이런 상황에서는 사랑이나 결혼을 통해 여성은 자율을 잃게 되기 때문이에요. 둘째, 자율을 상실한 사랑은 아무튼 불구나 마찬가지예요. 자율 없는 구속은 좋게 유지될 수 없어요. 남편이 실패하거나 기대만큼 강하지 않다는 것이 드러나면, 그는 좌절한 아내를 위로해야 할 자신의 역할을 더는 이행할 수 없어요. 그리고 아내가 자기 자신을 더는 생각하지 않고 오로지 남편을 위해 희생하면, 아내 역시 시간이 흐름에 따라 남편의 관심을 덜 끌고 매력도 줄어들죠. 결국, 구원이었어야 할 사랑과 함께 모든 것이 끝나요."

시몬은 확신에 차서 발표했다. 마치 시몬의 꼿꼿한 자세가 모두를 똑바로 일으켜 세운 듯, 한 사람씩 차례대로 각자의 사색에서 나왔다. 토론이 시작되었다.

"그러니까 연인들이 언제나 자기 자신을 포기하고 애인을 위해 자신의 자율을 억누르는 강박을 갖는다는 거죠? 남녀가 관계를 맺으면, 아무튼 여자의 경우 그러하고 특히 부권사회에서 이런 경향이 더 강해져서 결국 궤도를 이탈할 수도 있다는 말이죠? 자율뿐 아니라 종국에는 사랑도 잃게 되고요. 자율 없는 사랑은 오래가지 못하니까요."

임마누엘이 요약했고, 시몬이 끄덕였다.

"임마누엘, 방금 내가 막았을 때, 무슨 말을 하려고 했던 거예요?"

시몬이 다정하게 물었다.

"아, 특별한 건 아니었어요. 방해해서 미안해요!"

"갑자기 왜들 그래요? 너무 점잖을 떨고 있잖아요!"

지그문트가 놀리듯 웃었고, 모두가 따라 웃었다.

"임마누엘, 지금은 무슨 말을 하려던 겁니까?"

"애인과 동일시하고 애인과 하나가 되고자 하는 경향은, 애인을 잃을 두려움과 관련 있을 것 같아요. 그러니까 우리는 점점 더 애인에게 자신을 맞추고, 애인의 생각과 행동을 그대로 받아들입니다. 마치 그것이 원래 우리 것인 양. 그래서 우리는 언제나 애인이 곁에 있고, 애인이 어디에 있든 그 곁에 함께 있다는 기분을 가지죠. 우리는 애인과 '똑같으니까'! 아까 다뤘던 상처받을 위험 역시 모든 불행의 뿌리일 테니, 결코 별개의 주제가 아닙니다."

"그럴 수 있겠네요." 시몬이 대꾸했다.

"그러면 자기 포기 경향은 역시 애인을 잃을 두려움 때문인 거네요. 그건 에로틱한 사랑뿐 아니라 모든 종류의 사랑에 적용될 거예요. 사랑을 받는 사람은 사실 사랑을 주는 모두를 같은 방식으로 아프게 하니까요. 어쩌면 자기 자신을 낮추는 경향 역시 모든 사랑에 있을지 몰라요. 그러나 중요한 요점은, 적어도 여성에게서 이런 경향이 우위를 차지하는 것은 부권사회의 부당함 때문이라는 거죠."

"시몬의 분석에 따르면, 남녀가 사랑하게 되면, 남자 역시 사랑을 잃게 돼요." 아이리스가 끼어들었다.

"맞아요. 부권사회는 남자에게도 나빠요. 단지 이런 이유 때문이 아니라, 이런 '이유도' 있기 때문이죠." 시몬이 덧붙였다.

"사실 부권사회의 부당함은 아직 극복되지 않았어요. 그러니 남녀가 거리를 두는 게 더 나을까요? 그건 어려울 겁니다… 아무튼, 이성애자라면… 리비도는 아주 강력한 충동이라 억누르기가 쉽지 않거든요.” 지그문트가 경고했다.

“아… 이성애자, 동성애자. 잘 모르겠어요. 정말로 이성애자와 동성애자가 엄격하게 정해져 있을까요? 나는 여자도 사랑하고 남자도 사랑한단 말이에요. 나는 그것이 단지 연습에 달렸다고 믿어요. 우리는 사회적으로 통상적인 틀을 거부하고, 이른바 남자 또는 여자, 이것 아니면 저것이 아니라 모두가 우리에게 에로틱한 효력을 낼 수 있음을 받아들이는 법을 배워야 해요. 부권사회의 부당성이 아직 극복되지 않아 남자와 관계를 맺지 않는 것이 여성에게 더 낫다면, 여자를 사랑하면 돼요!” 아이리스가 흡족하게 머리를 흔들었다.

“아니면, 자기 포기의 위험을 최소화하면서 남자와 함께 사는 법을 찾아내면 돼요. 예를 들어, 시민계층의 고전적인 결혼 생활은 권할 만한 것이 못 됩니다. 여성은 적어도 재정적으로 자립하고, 자기 생각을 보존하고, 자기 자신을 소중히 여겨야 해요. 그것은 교양을 쌓고 책을 읽고 또한 어려운 주제를 깊이 사색한다는 것을 의미합니다. 그리고 일하는 것도.” 시몬이 덧붙였다.

“그런데… 말이죠… 자율이 정말로 그렇게 중요합니까?”

갑자기 쇠렌이 끼어들었다.

“지금 얘기한 자율은 그저 코미디언의 헛소리나 우스갯소리처럼 들려요. 여러분이 상상하는 자율적인 삶 역시 행복을 주지 않아요. 여러분은 정말로 모두가 아이들 곁을 떠나 일하러 가면 모든 것이 잘 될 거라고 생각하는 겁니까?"

"좀 더 자세히 설명해봐!" 홀로 의자에 앉아 있던 소크라테스가 외쳤고, 이제 흥미롭다는 듯, 팔꿈치를 테이블에 세우고 턱을 괴었다.

"여러분은 지금 마치 자율이 세상에서 가장 간단한 일인 것처럼 얘기합니다." 쇠렌이 설명했다.

"자기 자신 통제하기. 자신의 생각과 행동 제어하기. 그것은 자기 자신을 창조하는 것만큼 어처구니없는 말입니다. 인간은 자기 자신을 통제하지도 제어하지도 못합니다. 우리는 자기 자신을 완전히 통제할 수 있다고 믿지만 그렇지 않아요. 자신의 가장 깊은 신념에 대해 생각해보세요. 그래요, 어떤 사람을 향한 사랑에 대해 생각해보세요. 사랑은 우리를 좌지우지하고 가장 내밀한 일이죠. 그렇지만 우리는 바로 그런 상태로 '이끌리고' 그 속에 빠져듭니다. 우리는 신념도, 누구를 사랑할지도 선택하지 못해요. 계산할 때, 우리는 2 더하기 2가 4라고 결정하는 게 아니라, 그렇게 믿을 수밖에 없어요. 우리는 진실이 이끄는 대로 따라가요. 신념과 사랑도 마찬가지입니다. 우리는 어떤 특정인을 사랑하기로 또는 사랑하지 않기로 결정할 수 없어요. 오직 신이 자비를 베풀어 우리의 심장을 열 뿐이죠. 신념에 이끌리고 사랑에 빠진 뒤에 비로소 우리는 그것을 선물로 여길지 그 반대로 여길지 선택하고 결정합니다. 완전한 자기통제를 애쓰고 노력하는 삶은, 정말이지 끔찍한 오해예요. 슬픈 코미디. 이런 낭비가 어디 있겠습니까!"

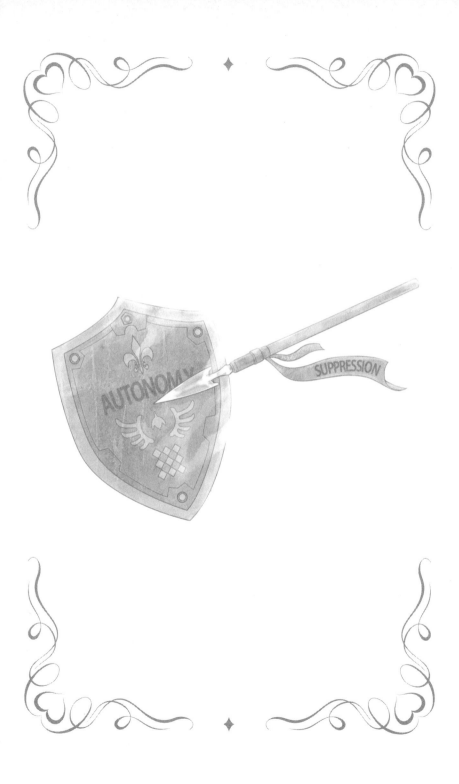

"쇠렌, 내 의견을 왜곡하지 마세요!"

시몬이 날카롭게 맞섰고, 쇠렌이 움찔했다.

"자율이 완전한 자기통제라고 주장한 적 없어요. 우리는 아직 자율성의 본질을 상세히 살펴보지 않았고, 우리는 이론이 아니라 이해를 기반으로 토론하고 있어요. 우리가 이해하기로, 자율이란 다른 사람에게 의존하지 않고, 특히 정신적으로 의존하지 않고 자신의 고유한 생각을 보존하는 것을 의미해요. 쇠렌의 말도 이런 뜻 아닌가요? 만약 쇠렌 말이 맞고, 우리의 내적 상태를 의식적으로 결정하는 것이 자율성이라면, 부권사회에서 여자들은 정확히 그런 의미에서 자율성이 없어요. 그들은 자신의 신념으로 사랑을 결정하지 않아요. 그들은 남편의 신념에 자신을 맞추고, 자신의 신념이 무시되고 축소되는 걸 허용해요. 자신의 사랑조차 진지하게 여기지 않고 무의식적으로 사랑의 종말을 초래하죠. 직장생활과 교육이 그걸 막을 수 있겠지만, 분명 또 다른 가능성이 있을 거예요. 그리고 틀림없이 교육과 노동이 행복으로 가는 지름길은 아니에요! 억압과 자기소외에서 벗어나려는 노력이 행복에 도움이 될 겁니다. 모두가 평등하게 주체로서 인정받고, 사랑이 여성에게 위험하지 않은 정의로운 사회에 우리가 산다면, 당연히 가장 좋겠죠. 그런 곳이라면 아마도 행복이 가능할 테고, 어쩌면 두려움 없이 사랑하면서 동시에 자신의 신념을 보존할 수 있을 거예요. 게다가 사랑에는 또한 자율성을 강화하는 경향이 있고, 사회가 정의로

울수록 이런 경향이 발전할 기회가 아주 많아요."

"맞아…" 소크라테스가 다시 고개를 앞뒤로 움직였다.

"그럼에도 쇠렌은 흥미로운 요점을 말했어. 우리는 자율성의 본질을 상세히 고찰해야 해. 그래야 자율성의 가치와 사랑의 관계를 더 잘 가늠할 수 있어."

"'무엇이' 진짜인지 모른다면 뭔가가 얼마나 가치 있는지를 결정할 수 없으니까요. 그렇죠?"

아이리스가 소크라테스 쪽을 보며 미소를 지었다.

"그렇고 말고! 뭔가에 대해 아는 것이 언제나 최우선이야!"

소크라테스가 기분 좋게 손을 비비며 말했다.

"자, 그렇다면 자율이란 과연 뭘까? 고백하자면, 나는 지금까지 영혼이 스스로 움직이는 존재가 아닐까 생각했었어. 다시 말해 영혼이 스스로 움직일 수 있고, 그래서 물질적인 육체와 달리 움직이기 위해 외부의 힘이 필요하지 않다는 거야.

플라톤의 《파이드로스》에서 소크라테스는 영혼을 '스스로 움직이는 것'으로 설명하고, 이것을 기초로 영혼의 영원성을 주장한다. 영혼이 육체와 반대로 외부의 힘 없이 스스로 움직일 수 있다는 것이다. 즉 영혼은 내부로부터 스스로 자기 자신을 움직일 수 있다. 그래서 영혼은 당연히 외부 세계로부터 독립한다.

'움직임'을 넓게 해석하면, 영혼은 스스로 움직이니 독립적이고 자기통제력 역시 아주 강해. 그것을 통해 영혼은 또한 '좋은 것' '선'을 기반으로 해. 스스로 움직이는 존재, '오로지' 그렇게 스스로 움직이는 존재만이 어떻게 살아야 할지를 자신에게 질문하기 때문이야. 하지만 어쩌면 쇠렌의 말이 옳을지 몰라. 영혼을 그렇게 이해하는 게 문제일 수 있어. 만약 플라톤이 지금 이 자리에 있다면, 그것 역시 토론해볼 수 있을 텐데! 어쩌겠어, 지금 여기 플라톤이 없는 것을… 늘 이런 식이지! 사실 나는 다른 데 초점을 맞추고자 해. 쇠렌의 발언에서 착안했는데, 아무튼 인간은 자기통제력과 별개로 자율적으로 사고할 수 있어.

플라톤은 소크라테스의 제자였고 소크라테스를 가장 사랑했으므로 실제 삶에서는 항상 소크라테스와 대화를 나눴다. 그럼에도 대화편에는 플라톤이 직접 등장하지 않는다. 《파이돈》에서 소크라테스가 독배를 마시는 장면에서 플라톤의 부재가 명시적으로 지적되는데, 소위 너무 아파서 플라톤은 스승과의 마지막 대화에 참석하지 못했다고 한다.

쇠렌은 신념을 얘기했는데, 맞아, 쇠렌 말대로 우리는 어떤 의미에서 우리의 신념을 통제하지 못해. 우리는 진실로 보이는 것을 그냥 믿

을 수밖에 없어. 그리고 신념의 형성과 숙고는 자율일 수 있어. 하지만 모든 상황에서 그런 건 아니야. 자, 이제부터 진짜 흥미진진해질 거야. 세 가지 사례가 있어. 첫째, 어떤 사람이 2 더하기 2가 무엇인지 곰곰이 생각하고 4라는 결과에 도달해. 둘째, 어떤 사람이 2 더하기 2가 무엇인지 곰곰이 생각할 때, 교사가 귀에 대고 4라고 속삭여. 그는 정답이 왜 4인지 이해하지 못하지만 교사의 말을 그대로 믿어. 셋째, 어떤 사람이 2 더하기 2가 무엇인지 곰곰이 생각하고 3이라는 결과에 도달해.

자네들 생각은 어떤지 모르지만, 내가 보기에 첫 번째 사람만이 자율적으로 곰곰이 생각한 거야. 두 번째 사례에서는 스스로 생각한 것이 아니라 '외부'에서 온 뭔가에 의해 사고과정이 방해를 받았어. 외부의 방해는 세 번째 사례에서도 마찬가지인데, 오답의 원인이 한눈팔기나 피로 등일 테니까. 그것들이 교사의 속삭임처럼, 숙고하는 사람과 그의 사고과정 사이에서 걸림돌 구실을 한 거지. 첫 번째 사례에서 무엇이 특별한 걸까? 왜 그것이 자율적인 숙고의 사례일까? 단지 정답을 찾았기 때문만은 아니야. 두 번째 사례에서도 정답은 나왔으니까. 진짜 이유는 정답이 왜 4인지 그가 '이해했기' 때문이야. 그 사람은 2 더하기 2가 왜 4인지 설명할 수 있어. 그래서 내가 내린 결론은 이래. 방해받지 않은 숙고는 자율적이야. 그리고 숙고의 대상을 이해한 결과라면 그것은 자율적이야. 그러므로 나는 '자율성이 행복을 만들고 적어도 행복의 중요한 일부'라는 시몬의 주장에 동의해. 사실 내가 처음부터 말했듯이, 행복은 진실에, 이데아의 '이해'에 있기 때문이야."

"그럼, 자율성과 사랑은 어떤 관계인가요?" 임마누엘이 물었다.

"두 가지 질문으로 나눠야 할 것 같아. 하나는, 사랑을 능동적으로 선택하고 통제할 수 없다면, 과연 우리가 자율적으로 사랑할 수 있는가? 또 하나는, 사랑에 빠졌을 때 그 사랑이 과연 연인의 자율성에 좋을까 나쁠까?"

"합리적인 접근인 것 같군요." 임마누엘이 동의했다.

"자신의 고유한 사고과정과 신념 형성을 스스로 통제하지 않고도 자율적으로 사고할 수 있다면, 자율적으로 사랑할 수 없다고 말할 근거는 없어." 소크라테스가 이었다.

"애인이 사랑스러운 이유를 이해하는 사람은 자율적으로 사랑하는 거야. 애인이 사랑스러운 이유는 그 눈에서 이데아가 빛나기 때문이고. 다들 기억하지? 두 번째 질문으로 넘어가서, 자, 내 대답이 그리 놀랍지 않을 거야. 연인들은 이데아를 상기하도록 서로 돕고 그런 식으로, 세상을 근원적으로 이해하도록 돕는다고 나는 믿어. 그러니 사랑은 연인의 자율성에 당연히 '좋아!' 내가 보기에 사랑이 정말로 상처를 주는 건 아니야. 사랑이 '없을 때' 훨씬 더 상처가 커. 사랑이 없으면 우리는 어둠 속에서 자기 자신은 물론이고 아무것도 제대로 이해하지 못한 채 헤맬 뿐이지. 그러면 행복을 없애고 평생을 허비하게 하는 돈과 권력 같은 모든 유형의 세속적 욕망과 거짓 신들의 속삭임에 끌려다니게 돼. 그럼에도 나는 몇몇 요점에서 시몬의 의견에 동의해. 정의롭지 못한 사회는 연인이 이데아를 상기하지 못하게 방해하는 게 맞아. 그러니 사랑과 자율성을 살리려면, 정의를 위해 싸워야 해."

"정의에 대해서는 나중에 더 상세하게 얘기하게 될 겁니다!"

임마누엘이 토론 순서를 가리켰다.

"잠깐! 그런데 여러분은 왜 부권사회에 아무 저항을 하지 않았죠?"

그럼에도 아이리스가 물었다. 아이리스는 소크라테스를 시작으로 임마누엘, 아우구스티누스, 쇠렌, 지그문트, 막스를 차례로 빤히 보았다. 모두가 당혹스러운 얼굴로 침묵했다.

"눈이 멀었던 거죠." 임마누엘이 마침내 대답했다.

"불의는 그렇게 생겨납니다. 우리는 불의를 보통의 일로 여겼어요. 부권사회만이 아닙니다. 우리는 성별과 인종을 차별했고, 동성애와 트랜스젠더를 혐오했으며, 신분제를 허용하고 지원했어요… 철학은 그런 불의를 막지 못했습니다. 어떤 불의는 그 뿌리가 너무 깊어서 바로 잡으려면 몇 세대의 노력이 필요합니다."

소크라테스가 고개를 떨구었고, 아우구스티누스가 중얼거렸다.

"잠시 쉬는 게 좋겠습니다. 이대로 계속 토론을 이어갈 수는 없을 것 같습니다."

"아니, 아니, 이러지들 마세요. 토론을 계속 이어가야 해요!" 아이리스가 만류했다.

"불의를 막는 데 결국 철학이 도움을 줄 거예요! 예를 들어, 모든 인간은 존엄하다고 임마누엘이 말했고, 그것은 정의를 위해 싸우는 모두에게 든든한 무기가 된단 말이에요."

시몬이 테이블을 돌며 모두에게 물을 따라주었고, 아이리스 편을 들었다.

"우리는 그저 자신의 편견을 간과하지 않도록 조심하기만 하면 돼요. 편견은 주로 무의식적이므로 결코 쉬운 일은 아닐 테지만요. 자기 자신을 있는 그대로 온전히 인식할 수 있는 사람은 거의 없어요. 자신의 이론과 편견이 아주 명확히 불일치하더라도 말이죠! 그러니 서로 도와야 해요."

시몬과 아이리스는 토론을 계속 이어가야 한다고 끈질기게 주장했고, 결국 모두가 각오를 새롭게 다졌다.

사회적으로 소외된 특정 집단에 대한 노골적인 편견과 소위 '암묵적 편향', 즉 무의식적 편견이 만연함을 증명하는 심리학 실험이 아주 많다. 예를 들어, 여성과 남성의 학문적 능력이 똑같다고 아주 명확히 확신하더라도, 무의식적 의견은 다를 수 있다. 무의식적 편견의 위험성은, 그것이 무의식적으로 우리의 행위를 결정하는 데 있다. 그러므로 해소전략을 마련하기 위해 '암묵적 편향'을 계속 연구해야 한다.

"자율의 대가인 임마누엘! 소크라테스의 주장을 어떻게 생각하세요?" 아이리스가 다시 갈피를 잡았다.

임마누엘은 잠시 이마를 찌푸리며 깊은 생각에 잠겨 자율성 주제를 고심했다.

"그러니까… 자율에 관한 한, 나는 전체적으로 소크라테스와 같은 생각입니다. 자율적인 사람은 자기 자신에게 스스로 지시를 내리고, 무엇을 할지 결정할 수 있으며, 통치자나 그 비슷한 사람의 지시를 그냥 맹목적으로 따르지 않아요… 그렇다고 자신이 좋아하는 일을 한다거나 제멋대로 이런저런 일들을 결정한다는 뜻은 아닙니다. 만약 그렇다면, 그것은 오히려 자기 자신을 그냥 방치하는 것일 테고 통치자에게 복종하는 것과 다르지 않아요. 자율적이라고 할 수 없어요. 자기 자신에게 스스로 지시를 내린다는 것은, 무엇을 할지 스스로 통찰하여 행동하고 다른 무엇에도 절대 끌려다니지 않는다는 뜻입니다. 스스로 지시하지 않은 모든 행동 동기는 결국 자기 자신을 제외한 외부에서 온 것으로, 어떨 땐 이쪽으로 어떨 땐 저쪽으로 우리를 끌고 가는 개인 성향조차도 외부에서 온 겁니다. 그것은 '우리'가 아닙니다. 고유한 생각을 하고 의식이 있는 '자아'가 아니에요. 쇠렌이 제안했던 것처럼, 자신의 내적 상태를 결정하거나 뒤늦게 소급해서 일치시키는 것이 자율성은 아닙니다. 쇠렌, 내가 제대로 이해한 거 맞죠?"

쇠렌은 큰 눈으로 임마누엘을 빤히 볼 뿐, 아무런 말도 하지 않았다.

: 6장 :

임마누엘은 말을 이어가는 것 말고는 달리 선택의 여지가 없었다.

"이런 결정은 틀림없이 숙고하는 '자아'가 내린 결론이고, 그래서 언제나 통찰에 기반을 둡니다. 실수에 관한 한, 소크라테스가 옳아요. 하지만 특정한 내적 상태를 결정한다는 것은 곧 그런 내적 상태가 옳다는 통찰과 같습니다. 달리 표현하면, 그것은 신념이나 행동규칙의 진실을 꿰뚫어 보는 통찰입니다."

"임마누엘, 사랑에 대해서는 언제 말할 건가? 아직 사랑에 대해 아무 말도 하지 않았어." 소크라테스가 상기시켰다.

"어려워서 그래요."

"차라리 아무것도 하지 않으려는 것처럼 보여요!"

지그문트가 임마누엘의 아픈 곳을 찔렀다. 그는 당혹스러운 듯 어색한 미소를 지었다.

"맞습니다. '예전에는' 연인의 독점적인 사랑을 외부의 결정으로 여겼고 그래서 자율적 동인에 의한 자율적 애정으로 보지 않았어요. 인간은 자율적으로 사랑할 수 없고, 사랑은 자율성을 강화하지도 않는다고 생각했던 거죠. 사랑하지 않으면, 자율성 침해도 없지만, 사랑하는 즉시 자율성을 잃고 사랑에 자신을 희생한다고 믿었었어요."

"그리고 이제 생각이 바뀌었다?"

소크라테스가 기대에 차서 눈썹을 올렸다.

"아무튼, 소크라테스의 말이 맞을지 모른다는 생각 그리고 사랑이

어쩌면 감정적 성향이 아니라 좋은 것을 통찰하는 행위일 거라는 생각이 계속 드는 건 사실이에요. 하지만 아직 완전히 이해되진 않은 상태라…"

"여러분!" 갑자기 막스가 외쳤다.

"자율 얘기는 이제 그만합시다! 지겨워요. 행복에 관해 얘기하기로 했었잖아요!"

"그랬죠. 하지만 사랑뿐 아니라 자율성도 행복의 일부라면, 그리고 사랑과 자율이 상황에 따라 서로를 제한하기 때문에 항상 둘을 동시에 누릴 수는 없다면, 역시 언제가 그런 상황이고 그 원인은 무엇인지를 고찰할 필요가 있다고 생각해요. 그러니 지금 토론 역시 행복이 주제라 할 수 있어요." 시몬이 설명했다.

"다 좋다 이겁니다. 하지만 도대체 '왜' 사랑이 우리의 행복에 그렇게 중요합니까?" 막스가 따졌다.

"처음부터 이 질문이 제기되었는데도 우리는 아직 시작도 하지 않았어요. 우리는 사랑이 비록 상처를 주긴 하지만 상황에 따라 자율성을 강화한다는 얘기를 나눴고, 소크라테스는 우리가 사랑의 도움으로 세상을 이해하는 법을 배운다고 주장했어요. 사랑의 장점으로 더 얘기할 것이 있을까요?"

"막스, 본인 생각부터 말해보시죠. 당신의 영혼에서는 무엇이 불타고 있습니까?" 아우구스티누스가 물었다.

: 6장 :

167

"사랑이 주는 상처가 오히려 사랑하는 사람들에게 좋은 거라면, 어떻게 되는 거죠? 아우구스티누스는 신을 사랑해야 한다고 했어요. 신을 사랑할 때는 실망하거나 상처받을 일이 없다면서요. 하지만 혹시 신이 우리에게 상처받기를 요구하는 건 아닐까요? 신은 우리가 다른 사람을 사랑하기를 원하고, 사랑은 상처를 남기니, 이런 의심이 들만 하지 않아요? 상처를 받는다는 것은 삶과 일치된 상태예요. 시몬의 말을 그대로 빌리면, 진정성이 있는 거죠."

자기 이름을 들은 시몬이 깜짝 놀란 표정을 했다. 막스가 계속했다.

"이 세상의 삶에는 진짜 우리 것이 아무것도 없어요. 언제나 전진하며 모든 것을 앗아가는 세월과 함께 모든 것이 우리에게서 빠져나가요."

시몬이 끼어들었다.

"그러면 우리의 과제는 아마도 다른 사람이 가게 두는 법을 배우는 걸 거예요."

"시몬 말이 맞아요. 하지만 그게 다가 아닙니다. 우리는 사랑하는 사람이 떠난다는 게 '어떤 건지' 느껴야 합니다. 고통을 느낀다는 건, 애인이 대체 불가이고 그만큼 가치가 있음을 이해한다는 뜻이에요. 이런 이해가 우리를 우울에서 구하고 모든 것을 아름답게 만들죠. 사랑하는 사람들은 서로에게 삶의 의미를 묻지 않아요. 이론적으로는 물을지 모르지만, 실질적 의미를 묻지는 않아요. 사랑에 빠지거나 아

이를 품에 안는 순간, 물을 필요조차 없이 대답이 명확해지기 때문이
죠. 아름다움을 보는 것!"

"상처 없이는 아름다움을 보지 못한다… 거기에 뭔가가 있는 것 같
군요." 시몬이 생각에 잠겼다.

"그러니까 상처를 받는 것에는 두 가지 면이 있어요. 한편으로, 상
처를 받아야 다른 사람의 특별함과 대체 불가성을 통찰할 수 있고, 이
런 통찰은 행복의 필수 조건이죠. 다른 한편으로, 그것은 두려움을 만
들고 그래서 다른 사람을 움켜쥐게 해요. 우리가 얘기했던 것처럼 병
적으로 자신을 애인과 동일시하는 게 하나의 예입니다."

"아무튼, 아름다움을 보기 위해 고통과 위험을 감수할 가치가 충분
한 것 같습니다. 소크라테스가 옳았어요. 사랑이 없으면 모든 것이 훨
씬 더 나쁠 겁니다." 막스가 결론을 내렸다.

임마누엘이 갑자기 불안해져서 종이를 만지작거리고 탁상시계를
찾았다. 엄격히 말해, 아직 산책 시간이 아닌데도 그는 자리에서 일어
나 외쳤다.

"잠깐 바람을 좀 쐐야겠어요. 금방 돌아올게요!"

그는 모두를 향해 정중하게 인사했지만, 같이 가자는 권유는 생략했
다. 손님들은 어리둥절하여 서로를 보았지만, 결국 체념하고 임마누
엘이 돌아올 때까지 기다릴 요량으로 다리를 쭉 뻗었다.

: 6장 :

Freud

Augustinus

Beauvoir

Socrates

Kant

Scheler

Murdoch

◆ *Kierkegaard* ◆

7장

사랑할 의무와 사랑받을 권리가 존재할까?

쇠렌 키르케고르가 이웃사랑을 노래한다.
참가자들은 과연 부당한 사랑도 있을까,
말없이 생각한다

임마누엘이 산책에서 돌아왔을 때, 다른 사람들은 이미 각자 자리에 앉아 펜을 들고 있었다. 임마누엘은 서둘러 자리에 앉았고 갑자기 기침을 시작했다. 시몬이 임마누엘의 팔을 잡으며 '괜찮냐'고 물어보는 표정으로 쳐다보았다.

"찬바람이 불어 꽤 춥더니만······" 임마누엘이 말끝을 흐렸다.

"차를 좀 끓여올게요."

아이리스가 제안했다. 임마누엘이 체념하듯 끄덕이고 눈을 비볐다. 울기라도 했던 것일까? 아이리스는 차 준비뿐 아니라 진행자 역할도 넘겨받았다. 아이리스는 부엌에서 재빨리 차를 끓여와 임마누엘의 찻잔에 부어 주고 뜨거운 주전자를 테이블 위에 놓았다.

"신사 숙녀 여러분! 사랑이 과연 공정할까요?"

아이리스가 연극을 하듯 과장된 동작과 어조로 물으며 광대처럼 익살스러운 표정을 지었다.

"사랑은 공정하지 않아요." 아이리스의 어투가 진지해졌다.

"아무튼, 언뜻 보면 그런 것 같아요. 우리는 언제나 극히 소수만을 사랑하고, 반드시 사랑이 가장 절실한 사람에게만 사랑을 주는 것도 아니에요. 그리고 우리는 자신이 가진 자원 대부분을 기꺼이 사랑하는 사람에게 내줘요. 시간, 관심, 감정적 육체적 애정, 돈, 안식처 등등. 애인에게 큰 권리, 상황에 따라서는 훨씬 더 큰 권리가 있지 않나요?"

"사랑에 대한 권리? 아니면 자원에 대한 권리?" 시몬이 물었다.

"둘 다요! 물론 사랑에 대한 권리를 증명하기가 쉬운 일은 아니지만요. 어떻게들 생각하세요? 먼저 자원에 관해 얘기하고 나중에 사랑의 권리로 돌아왔으면 해요. 우리는 사랑하는 사람에게 그냥 다 줘도 될까요? 그러니까 내 말은 도덕적으로요."

"우리가 자원분배를 일반적으로 어떻게 보느냐에 달린 것 같아요."

막스가 신중하게 말했다.

"불공평한 분배를 자연스러운 일로 보느냐 문제로 보느냐에 달린 거죠. 그리고 또한 각자가 중요하게 여기는 재화가 무엇이냐에 따라 달라지기도 하고. 적어도 특정 금액부터는 더 가난한 사람들과 나눠

야 하는 도덕적 의무가 있어요. 예를 들어 다른 아이들이 굶고 있을 때, 단지 자식을 사랑하고 기쁘게 해주고 싶어서 비싼 장난감을 계속 연달아 선물해서는 안 됩니다. 이럴 때는 가난한 아이들을 돕는 조직 이나 기구에 그 돈을 기부해야 합니다. 하지만 감정적 육체적 애정은 달라요. 아무튼, 언뜻 보기에, 우리가 누구를 포옹하고 언제 얼마나 자주 안을지는 정말로 우리 자신에게 달린 문제 같아요."

"그럼 이런 경우는 어떻게 되는 겁니까?"

이제 아우구스티누스가 발언했다.

"우리는 어느 호숫가에 섰고 물에 빠져 죽어가는 두 사람을 발견합니다. 그들은 팔을 허우적대고 도와달라고 외칩니다. 호숫가에는 우리뿐이고 우리가 구할 수 있는 사람은 단 한 명뿐입니다. 머뭇거릴 시간이 없습니다. 자, 누구에게 헤엄쳐가야 합니까? 우리는 재빨리 정의로운 결정을 내리려 애쓸 겁니다. 도움받을 권리는 두 사람 모두에게 똑같이 있으니, 동전을 던지거나 물살의 결정에 맡기는 것이 가장 공평할지도 모릅니다. 그러나 더 가까이 다가갔을 때, 둘 중 한 사람이 딸이라는 걸 알아차린다면, 숨이 막힐 정도로 공포가 몰려오고 더는 생각할 필요조차 없을 것입니다. 우리는 물로 뛰어들어 딸을 구할 것입니다. 그리고 딸이 아니라 애인이나 친구라도 우리는 똑같이 행동할 것입니다. 그렇지 않습니까?"

대부분이 끄덕였다.

"그래서 하고 싶은 얘기가 뭐에요?"

아이리스가 다그치듯 물었다.

"내 생각에 이 예시에서 알 수 있듯이, 사랑하는 사람이 위기 상황에 있다면, 우리는 더는 정의를 진지하게 고려하지 않습니다. 그런 상황에서 정의로운 분배는 우리의 행동에 거의 또는 전혀 영향을 미치지 않습니다. 그리고 그것이 바로 사랑의 '한 부분'일 것입니다. 아버지가 냉철한 머리로 계속해서 정의를 깊이 생각하고, 누구를 구해야 정의로울지 몰라 딸 대신 낯선 사람을 호수에서 구한다면, 우리는 그 남자의 부성애를 의심하지 않겠습니까? 그렇다면 부성애는 도덕적으로 문제가 있는 겁니다. 자식에게 비싼 선물을 주지 않고 그 돈을 기부한다고 해서, 이런 근본적인 도덕 문제를 피할 수는 없습니다. 내가 제대로 이해했다면, 그럼에도 우리에게는 그렇게 할 도덕적 의무가 있고 당연히 그렇게 해야 합니다. 하지만 그것으로 근본적인 문제가 해결되진 않습니다. 인간은 '위기 상황'에서 도덕적 요구를 무시하게 되는데, 사랑하는 사람으로서 인간은 그 문제에서 벗어날 수 없습니다. 그것 역시 사랑의 일부이기 때문입니다."

"위기 상황에서 사랑하는 사람을 우선순위에 두는 것은… 비난할 것이 못 되는 것 같은데…" 지그문트가 큰소리로 말했다.

"지그문트 말이 맞습니다. 그런 상황에서 사랑하는 사람을 구하는 것은 심지어 도덕적으로 정당화될 수 있습니다. 사랑하는 사람들은 특별한 관계입니다. 그들에게는 암묵적으로 또는 명시적으로 나눈 약속이 있습니다. 위기 때 서로의 곁에 있어주겠다는 약속. 낯선 사람과는 그런 약속을 하지 않았으니, 저울이 사랑하는 사람 쪽으로 기우는 것은 당연합니다. 도덕적으로 잘못된 결정임을 알면서도 위기 상황에서 사랑하는 사람을 먼저 구하는 것은 결코 문제가 아닙니다. 말했듯이, 어쩌면 심지어 그런 결정이 도덕적으로 옳을 수도 있습니다. 하지만 위기 상황에서 정의 따위는 중요하지 않다며 애초에 도덕적 결정을 '전혀' 고려하지 않는다면, 더 큰 문제일 수 있습니다. 그런 경우라면, 그들의 행동이 비록 도덕적 요구와 일치하더라도 그것은 순전히 '우연'에 불과합니다." 아우구스티누스가 설명했다.

"그러니까 무조건 그들이 한 행위가 아니라, 그 행위의 동기가 문제라는 거군요. 그들은 도덕적 요구를 가늠하지 않고, 애인만 생각했으니까요." 지그문트가 재확인했다.

"바로 그겁니다. 내가 두려워하는 것 역시 바로 그것입니다."

아우구스티누스가 끄덕였다.

"도덕적으로 제대로 숙고해서 한 행위만을 선으로 평가하는 사람이라면, 사랑을 도덕의 문제로 봅니다." 아우구스티누스가 의미심장한 시선을 임마누엘에게 보냈고, 임마누엘은 당황하여 어깨를 으쓱해 보였다. 아우구스티누스가 말을 이었다.

"그리고 일반적으로 동기를 중시하지 않는 결과론자들조차도 조심해야 합니다. 호수 사례에서 도덕적 행위의 동기를 우연에 맡기는 것은, 최고의 결과를 도출하는 확실한 방법이 결코 아니기 때문입니다. 그리고 그런 시나리오라면, 사랑하는 사람들은 결국 그저 '우연히' 바르게 행동하는 셈입니다."

"하지만 변명의 여지가 있지 않을까요? 사랑하는 사람이 위기에 처했다면, 사실 그것은 우리가 위기에 처한 것과 같잖아요. 또는 그 이상일 수도 있고요. 명료하게 생각할 수 없고 거의 본능적으로 행동하는 감정적 예외상황이죠." 지그문트는 물러서지 않았다.

"그럴 수 있습니다. 다만, 도덕적으로 변명의 여지가 있다는 것과 도덕적으로 허용된다는 것은 다른 말입니다. 예를 들어, 부모가 사랑하는 자식을 위해 법정에서 거짓 증언을 한다면, 그것은 어쩌면 변명의 여지가 있고 아마 처벌되지도 않을 겁니다. 하지만 그럼에도 위증은 잘못입니다."

"만약 '어떤 한 사람'이 아니라, '여러' 낯선 사람들과 사랑하는 사람 중에서 선택해야 한다면 어떨까요? 예를 들어 군중 수백 명을 구할지 딸을 구할지 선택해야 해요. 그리고 둘 다 구할 방법은 없어요."

시몬이 고심했다.

"그렇더라도 여전히 자신의 딸을 구할 것 같아요. 그렇게 할 수밖에 없잖아요. 하지만 만에 하나 그럼에도 군중 수백 명을 구한다면요? 그렇다고 딸을 사랑하지 않는다는 뜻은 아니잖아요! 딸을 잃는 것이 형

언할 수 없는 고통임에도, 그런 상황에서 도덕적 판단을 따를 수 있음을 나는 배제하지 않겠어요. 아우구스티누스는 사랑하는 사람들의 도덕성에 관한 한, 다소 염세주의적인 것 같아요."

"그리고 사랑에 대한 이런 두려움 역시 아우구스티누스 자네와 어울리지 않아!"

이제 소크라테스도 한마디를 거들고, 머리 위로 양팔을 올렸다.

"자네가 했던 명언을 생각해봐. '사랑하라. 그리고 하고 싶은 것을 하라!' 사랑이 도덕적으로 '좋은' 덕목이라는 뜻 아닌가? 더 나아가 사랑하는 사람들은 맘 편히 자신의 의지를 따르더라도 잘못할 일이 '없다'는 뜻 아닌가? 놀랍군! 사랑이 가치 있는 이유를 설명하지 못하는 도덕이론은 틀린 이론이라고 생각해. 그런 이론에 따라 심지어 정반대를 따른다면 특히 더!

그리고 자네들 모두 내가 왜 이런 생각을 하는지 잘 알잖아. 사랑이 없으면 인간은 이데아를 이해하지 못하고, 이데아를 이해하지 못하면 인간은 정의로울 수 없어. 비록 사랑이 단 한 사람에게 극도로 집중하면서 시작되지만, 사랑은 점차 세상을 열어주고 우리 자신을 보도록 가르치지. 사랑하는 사람뿐 아니라, 다른 사람과 관련해서도 그래. 자네들 생각은 어때?"

"흠, 사랑은 이런 무조건적 염려를 동반하죠. 무슨 일이 있어도 늘 곁에 있겠노라, 귀에 속삭여요. 그리고 이건 진심으로 하는 말이고요.

: 7장 :

179

무슨 일이든 '언제나'! 이런 무조건성은 한편으로 정의롭지 못한 결과를 낳을 수 있지만, 다른 한편으로 바로 그런 특별함이 사랑이죠. 우리가 사랑을 '아름답다'고 느끼는 이유가 바로 그런 특별함이고요. 아름다움을 도덕적으로 판단하기는 힘들어요. 우리는 정말로 아름답다고 느끼는 것을 좋은 것으로 여기죠. 미학적 판단과 윤리적 판단은 서로 밀접하게 연결되어 있어요…" 아이리스는 생각에 잠겼다.

"아무튼, 사랑이 없는 세상은 끔찍할 테고, 그런 세상은 바랄 만한 가치가 전혀 없어요. 반면 도덕적으로 완벽히 좋은 세상은 분명 바랄 만한 가치가 있을 테죠. 여기서 우리가 알 수 있는 것은, 도덕적으로 완벽히 좋은 세상에는 분명 사랑도 포함되어 있다는 거예요. 그러니까 사랑이 반드시 비도덕적인 건 아니에요." 시몬이 결론지었다.

임마누엘은 서서히 기운을 차렸다. 아무튼, 그는 시몬에게 미소를 보내 동의를 표했다. 임마누엘이 끼어들 새 없이 아우구스티누스가 다시 입을 열었다.

"사랑하라. 그리고 하고 싶은 것을 하라! 그것은 오직 '진정한' 사랑에만 적용됩니다. 진정한 사랑이란 신을 향한 사랑을 말합니다. 신을 진정으로 사랑하는 사람은 자신의 의지를 믿고 자신의 의지대로 해도 됩니다. 신을 사랑하는 것은 특히 주변 사람들을 가까운 이웃으로 본다는 뜻이기 때문입니다. 즉 모두를 동등한 사람으로 여긴다는 뜻입니다. 그리고 모든 사람이 똑같이 소중하고, 똑같이 휜 나무로 만들어

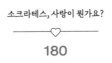

졌으며, 똑같이 신의 은총에 의존함을 명심하는 사람은 분명 정의로울 수밖에 없습니다. 그 무엇도 우선순위에 두지 않습니다. 그가 호숫가에 있고 물에 빠져 죽어가는 두 사람을 보게 된다면, 마치 두 사람이 모두 그의 딸인 것과 같습니다. 이런 유형의 사랑은 당연히 도덕적으로 완벽히 좋은 세상의 한 부분입니다. 사랑하는 사람을 모든 다른 사람들보다 우선순위에 두는, 연인의 독점적 사랑은 도덕적으로 위험합니다."

이때 쇠렌이 자리에서 일어섰다. 그는 아우구스티누스 쪽으로 몸을 돌렸지만, 시선은 그를 지나쳐 테이블 위로 향했다.

"아닙니다. '모든' 사랑에는 이웃사랑의 기능이 있어요. 독점적 사랑에도 당연히 있고요. 꽃이 태양을 향하듯, 사랑도 자연스럽게 정의를 향합니다. 물론, 처음에는 종종 자기애적 욕망에 이끌립니다. 자기 자신을 위해 애인을 원하고, 다른 모든 사람보다 애인을 우선순위에 두고, 정의롭지도 않아요. 부모의 사랑, 친구와의 우정, 남녀 간의 사랑, 어떤 사랑이든 상관없이, 소크라테스의 말처럼 모두 에로틱한 사랑입니다. 그러나 그럼에도 이런 사랑 역시 신성하고, 그저 여러 감정 중하나가 아니에요. 사랑은 애인에게서 가까운 이웃을 보고, 그래서 모든 사람이 근본적으로 동등함을 알게 됩니다. 사랑은 다른 사람도 한 인간임을 알고, 그것이 무엇을 의미하는지 이해합니다. 신과 연결된 '대체 불가'인 존재죠. 사랑이 없으면 우리는 그것을 이해하지 못하니다. 그리고 이제 애인이 사람임을 안다면, 애인을 사랑함으로써 모든 사람을 사랑합니다. '모든' 사람은 독보적인 1인 주체이고 대체 불가입니다. 그들은 동등하고, 그것이 바로 그들을 이웃으로 만듭니다.

그러나 사랑을 추구하고 이런 깨달음을 실현하며 살기는 쉽지 않아요. 우리는 자신의 필요와 욕구에 사로잡혀, 다른 사람을 위한 자리가 전혀 없는 세속적인 공동체를 애인과 단둘이 만들려는 유혹에 계속 빠집니다. 그것으로 우리는 배제된 다른 사람의 인간성뿐 아니라, 애인의 인간성도 무시하게 됩니다. 그리고 우리 자신의 인간성도. 또한 참되고 순수한 사랑에는 욕망과 기쁨이 없다는 주장은 틀린 것 같습니다. 참사랑은 애인을 욕망하고 연인들을 기쁘게 해요. 하지만 그런 욕망은 세속적이지도 않고 자기기만도 아니에요. 참사랑은 애인이 살기를 원해요. 참사랑은 애인의 현존을 기뻐해요. 참사랑은 높은 담이 둘러쳐진 집에서 애인과 살면서 모든 것이 아름답게 유지되길 바라지 않아요. 참사랑은 다른 시간을 삽니다."

쇠렌이 갑자기 노래를 부르기 시작했다.

"깨어라, 외치는 소리가 우리를 부른다! 파수꾼이 망루에서 높이 외치는 소리…" 1절 전체를 다 불렀다. 얼굴이 점점 더 붉어졌지만 용감하게 2절을 계속 불렀다.

"시온은 파수꾼의 노랫소리를 듣고, 그 마음이 기쁨으로 춤춘다. 시온은 깨어나고 서둘러 일어선다."

: 7장 :

183

쇠렌이 부른 노래는 필립 니콜라이(Philipp Nicolai)가 1599년에 만든 〈깨어라, 외치는 소리〉라는 찬송가이다. 요한 제바스티안 바흐가 만든 같은 제목의 유명한 칸타타가 이 찬송가를 기초로 한다. 쇠렌 키르케고르는 프로테스탄트 신자로 신앙심이 깊었다. 그의 수많은 저서는 종교적 삶의 의미를 다룬다.

시몬은 짜증이 난 듯 이마를 짚었다. 다른 사람들은 꼼짝하지 않고 쇠렌의 노래에 귀를 기울였다. 아이리스는 꿈꾸는 얼굴로 쇠렌을 빤히 보다가, 노래가 끝나자 물었다.

"사랑의 요구를 어떻게 따르죠… 어떻게 하죠?"

시몬이 아이리스보다 더 크게 외쳤다.

"그러니까 쇠렌에 따르면, 사랑이 먼저 정화되어 이웃사랑이 되어야 하고, 그래야 사랑이 비로소 도덕적으로 완벽히 좋은 세상의 한 부분이 될 수 있다는 얘기네요. 하지만 나의 첫 번째 가설에서 다룬 사랑은 독점적 사랑이에요. 정화된 순수한 사랑이 아니라, 우리가 알고 있는 그런 평범한 사랑. 우리가 원하는 사랑, 그것이 없으면 세상이 황량해 보일 사랑이 반드시 이웃사랑인 건 아니에요. 오히려 도덕적으로 소위 위험하고, '세속적' 의미에서 욕망하는 사랑이 바로 그런 사랑이죠. 그러므로 그런 사랑 역시 도덕적으로 완벽히 좋은 세상의 한 부분이어야 해요."

"맞습니다. 그리고 인간이 글자 그대로 생존하려면 이런 독점적 사랑이 필요합니다."

지그문트가 시몬의 편을 들었다.

"독점적 사랑은 소망할 가치가 있을 뿐 아니라 인간에게는 '필수요소'입니다. 여러 심리 연구가 증명하듯이, 부모의 사랑이 없으면 아이들은 제대로 성장하지 못합니다. 부모의 사랑을 받지 못한 아이들은 주변 탐색에 관심이 훨씬 적고, 일반적으로 학습능력도 떨어지며, 안정적인 인간관계를 잘 맺지 못합니다. 심지어 애정결핍은 신체에도 구체적인 효력을 남깁니다. 애정결핍인 아이들은 비록 신체기관 발달과 영양섭취 면에서 모든 것이 정상이라도, 성장발육이 눈에 띄게 더딥니다. 그들은 잔병치레가 잦고 수명도 짧습니다." 그가 체념하듯 어깨를 으쓱 올렸다. 아이리스가 길게 한숨을 내쉬었다.

실제로 이것을 주제로 한 연구가 아주 많다. 어떤 연구들은 병원이나 보육원에서 자란 아이들을 대상으로 하고, 어떤 연구들은 '비기질적 성장장애(nonorganic failure to thrive)'와 '심리사회적 왜소증(psychosocial dwarfism)' 같은 현상을 조사한다. 부모와 같이 살지만, (추측하기로) 사랑을 받지 못해 발육이 더딘 아이들에게도 이런 병증이 나타날 수 있다. 그러나 주변 환경을 적절히 바꿔주면, 아이들은 종종 아주 빠르게 발달단계를 따라잡는다. 이른바 '애착이론(Attachment Theory)'을 기반으로 하는 또 다른 연구가 있다. 이 연구는 자녀와 부모의 특정 관계 패턴이 아이의 사회적 지적 발달에 미치는 영향을 조사한다. 참고문헌에 이 세 가지 연구에 관한 더 상세한 자료들이 있다.

"그런데, 그 실험에서 아이가 사랑을 받았는지 받지 못했는지가 제대로 측정되었다는 걸 어떻게 확신하죠?" 시몬이 물었다.

"사랑은 아마도 좋은 돌봄과 특별한 상관관계가 있을 거예요. 그래서 사랑이 없으면 돌봄의 질 역시 나쁠 수밖에 없고요. 어쩌면 아이들은 이런 중요한 돌봄이 필요하지, 반드시 사랑이 필요한 건 아닐지도 몰라요. 그러니까 내 말은… 아이들이 사랑을 받으며 자라야 하는 건 매우 타당한데… 내가 알고자 하는 건 단지 여러 연구와 실험들이 그걸 어떻게 증명하느냐예요."

"사실, 증명하기가 쉽진 않아요." 지그문트가 동의했다.

"양질의 돌봄과 좋은 시설을 갖춘 병원이나 보육원에서 성장한 아이들 중에서도 성장발육이 더딘 사례가 있습니다. 아이들은 정말로 관심과 '특별한' 돌봄이 필요한 것 같아요. 아이를 사랑하는 사람만이 줄 수 있는 관심과 돌봄 말이죠. 당연히 반드시 친부모여야만 하는 건 아닙니다."

"그렇군요." 시몬이 끄덕였다.

"그런데 왜 그럴까요? 사랑이 담긴 관심과 돌봄은 뭐가 그리 특별해

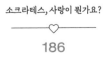

서 아이들에게 그토록 중요할까요?"

"애정결핍인 아이들은 주변에 대한 호기심도 관심도 적은데, 거기서 힌트를 얻을 수 있지 않을까요?"

아이리스가 곰곰이 생각했다.

"사랑받는 아이들은 학습에도 큰 흥미를 보여요. 그런 아이들은 사방으로 '촉수'를 뻗죠. 이런 관심과 호기심이야말로 아이들이 온갖 능력을 익히는 동력이자 동인이 돼요. 처음에는 모빌로 손을 뻗고, 나중에는 기고 걷고, 온갖 문제들을 해결해요. 당연히 말도 배우죠. 반면이런 동력이 없으면 이 모든 것을 배우기가 훨씬 어려워요. 결국, 성장발육이 뒤처지죠. 우울증과 비슷한 것 같아요. 세상에 흥미가 없고그것이 생존본능을 죽이고 신체적 성장 속도도 늦춰요."

"하지만 왜 그럴까요?"

시몬이 팔을 천장으로 뻗었다.

"추측하기로," 아이리스는 추운지 양손으로 주전자를 감쌌다.

"사랑을 주는 부모들 자신이 자식과 세상을 발견하는 데 관심을 갖기 때문일 거예요."

"그렇지!" 소크라테스가 들떠서 말을 끊었다.

"내 이론과도 일치해. 사랑하는 동지 여러분! 사랑은 욕망이야. 사랑하는 사람과 대화하고 함께 세상을 이해하려는 욕구라고. 부모는바로 이런 욕구를 가지고 아이를 사랑하는 거야. 그들은 처음부터 자식을 대화상대로 보고 자식의 세계관을 이해하고자 해. 대답을 갈구하는 일종의 호소와도 같은 부모의 이런 욕구에 자식은 응답하는 거고. 아이들은 자신을 보는 부모의 시선으로 자기 자신을 보게 돼. 그래서 아이들은 자기 자신을 주체로 보는 거야. 자기 생각을 표현하고 다른 사람에게 관심을 두는 주체 말이야."

"그러니까 다른 사람이 우리의 세계관과 생각에 관심을 두기 때문에, 우리가 세상에 흥미를 갖는 거란 말씀이세요?"

시몬이 물었다.

"흠, 어쩌면 그럴지도…"

소크라테스가 앞뒤로 몸을 흔들었다.

"그렇다면, 세상을 이해하는 것이 인간의 목적 자체가 아니라, 다른 사람과 관계를 맺기 위한 수단에 불과하다는 얘기처럼 들리네요!"

시몬이 계속 도발했다.

"이런, 이런… 안 그래도 자네가 그렇게 생각할까, 걱정했었어."

소크라테스가 대답했다.

"흥미로운 가설이긴 한데… 내가 이 주제를 어려워한다는 거 다들 잘 알잖아! 다행스럽게도 나는 관련 지식이 있고, 그것으로 목적 그 자체, 그러니까 유일한 목적 그 자체를 설명할 수 있어. 예나 지금이나 내 생각에는 변함이 없어. 이렇게 정리하면 어떨까? 부모의 사랑은 아이들에게 세상을 이해할 동기를 줘. 또한, 사랑이 담긴 시선은 아이

들에게 이데아를 상기시키고, 아이들은 이데아를 갈망하는 영혼, 즉 자기 자신을 발견하게 돼."

"그 모든 이야기가 지금 우리의 논쟁과 무슨 상관이죠? 그래서 사랑이 도덕적으로 좋다는 겁니까, 나쁘다는 겁까? 사랑이 허용할 만합니까, 규제가 필요합니까, 금지되어야 합니까?"

막스가 다시 참지 못하고 따졌다.

"지금까지의 토론 내용을 짧게 요약해볼게요."

아이리스가 진행자 역할에 충실했다.

"우리는 사랑의 도덕성에 대해 고심했어요. 한편에는 사랑의 도덕성을 의심할 만한 근거들이 있어요. 연인들은 애인을 우선순위에 두고, 그 방식이 도덕적으로 항상 정당하지는 않기 때문이죠. 연인들이 특정 상황에서 도덕에 신경 쓰지 않는 것이 오히려 사랑의 한 부분인 것처럼 보여요.

다른 한편으로, 우리는 도덕적으로 완벽하게 좋은 세상에서 사랑을 제외하고 싶지 않아요. 애인과 다른 사람을 동등하게 보는 이웃사랑뿐 아니라, 특히 '독점적인' 사랑도 그런 세상에 속하길 바라죠. 아주 평범한 부모 사랑, 우정, 낭만적인 사랑에서 도덕적으로 가치 있어 보이는 뭔가를 발견하기 때문에 우리는 아무튼 그런 사랑을 이 좋은 세상에 포함하고자 해요. 아마도 이런 사랑이, 특히 사랑받기가 학습에 필요하고, 또한 간접적으로 생존에 필요하다는 사실과 관련이 있을 거예요. 그러나 소크라테스의 말이 맞으면, 사랑받기뿐 아니라 사랑하기도 필요해요. 물론 더 정확히 말하면, 사랑받기가 맞지만요. '왜냐하면' 그것이 사랑하기의 결과니까요. 이제 지금의 교착상태에서 벗어나, 사랑에 대한 명확한 판단을 내릴 필요가 있어요. 그게 가능하다면요…"

"사랑의 권리에 관해서도 얘기하기로 했잖아요! 그걸 빼놓았습니다!" 막스가 보충했다.

"특히 아이들이 성장발육을 위해 사랑이 필요하다면, 그들에게는 사랑받을 권리가 있는 겁니다. 모든 인간에게 음식, 물, 신체적 안전, 기본적인 건강 유지 등, 생존에 필요한 중요한 조건에 대한 권리가 있는 것과 비슷하죠."

"모두에게 부여된 사랑의 권리?!"

지그문트가 눈썹을 올렸다.

"당연히 아니죠. 길을 걸으며 모든 보행자가 이런 독점적 의미에서 나를 사랑해주기를 기대할 수는 없어요. 하지만 모든 아이는 각각 부모로부터 사랑을 받을 권리가 있을 겁니다. 그리고 아마도 나중에 어른이 되어서는, 비록 모두로부터는 아니지만 '누군가 한 사람'으로부터 사랑받을 권리가 있지 않을까요? 이미 어른이 되었더라도, 사랑을 받는다는 것은 여전히 가장 중요하고 좋은 일이니까요."

막스가 설명했다.

"권리가 있다면, 그에 상응하는 의무도 있어야 마땅합니다."

임마누엘이 선언했다.

"무엇에 대한 권리가 있다는 것은, 누군가를 상대로 의무 이행을 강요하거나 소송을 걸 수 있어야 하니까요. 그러나 적어도 우리가 지금 다루고 있는 독점적 사랑에 대해 그 누구에게도 의무를 강요할 수 없어요. 부모의 사랑도 마찬가지입니다. 인간은 사랑을 통제할 수 없으니까요. 해야 한다는 의무 안에는, 할 수 있다는 가능성이 포함되어 있습니다. 하고 싶을 때마다 언제든지 버튼을 눌러 사랑할 수 있는 게 아니므로, 사랑의 의무 또한 없어요."

임마누엘은 잠시 멈췄다가 덧붙였다.

"아무튼, 언뜻 보기에…"

"지금 자네는 상당히 뜬구름 상태군, 안 그래?"

소크라테스가 연구하듯이 임마누엘을 살폈다. 임마누엘은 평정심을 잃지 않았다.

"실제로 인간은 버튼을 눌러 사랑할 수 없어요. 하지만 그렇다고 인간이 사랑을 '전혀' 통제하지 못한다는 뜻은 아니에요."

아이리스가 말했다.

"인간은 당연히 사랑을 연습할 수 있어요. 그리고 적어도 부모는 그럴 의무가 있어요. 그리고 많은 경우 연습이 실패할 이유도 없고요. 진지하게 연습하는 사람은 또한 사랑하게 됩니다."

아이리스가 마지막 말을 한 글자 한 글자 힘주어 강조했다.

"그럼 그걸 '어떻게' 연습하죠?"

임마누엘이 테이블 쪽으로 몸을 숙이며 기대에 찬 눈을 크게 떴다.

"글쎄요…"

아이리스가 싱긋 웃었다.

"내 생각에 예술이 도와줄 수 있을 거예요."

"무슨 뜻이죠?"

임마누엘이 등받이에 기댔다.

"잠깐만!"

시몬이 외치며 끼어들었다.

"실제로 모두가 누군가로부터 진지하게 사랑을 받는다고 상상해보세요! 호숫가 문제의 대답이 거기에 있지 않을까요?"

시몬이 아우구스티누스 쪽을 보았다.

"모두가 누군가로부터 사랑을 받는다면, 모두가 위기 상황에서 구해줄 특별한 구원자를 갖게 돼요. 무슨 일이 벌어지든 곁에서 우리의 안녕을 돌보는 보호자를 갖는 거죠. 우리가 물에 빠졌을 때, 글자 그대로 또는 은유적인 의미에서, 구원자가 호숫가에 있느냐는, 호수의 물살 세기와 마찬가지로 운에 달렸어요. 그걸로 불의가 제거될 수는 없을까요? 누구든지 사랑과 같은 특별하고도 무조건적인 도움을 받을 수 있을 거예요. 그것으로 모든 이유가 해명돼요. 우리는 도덕적으로 좋은 세상에 독점적 사랑을 포함해도 되고, 애인을 우선순위에 두더라도 도덕성 비난을 받지 않아도 됩니다. 모두가 사랑받는 세상이면 돼요."

아우구스티누스가 이마를 찌푸렸고 뭔가 반박하려 했지만, 임마누엘이 더 빨랐다.

"그리고 사랑을 연습하는 법을 안다면, 아마도 정말로 그런 세상을 만들 수 있을 겁니다. 아이리스, 이제 예술 얘기를 해볼까요?"

Freud

Augustinus

Beauvoir

Socrates

Kant

Scheler

◆ Murdoch ◆

Kierkegaard

사랑은 예술이다

\ / • ● ♥ ● • \ /

진정으로 사랑하려면 자기 자신을 잊어야 한다!
아이리스 머독이 그 이유를 설명한다

아이리스는 머리카락을 흩트리고 눈을 감은 채 양손으로 관자놀이를 꾹꾹 누른 뒤 발언을 시작했다.

"그러니까. 위대한 예술작품의 장점은 누구든 자기 자신을 잊게 만들 수 있다는 겁니다. 선지식이 필요치 않고, 의도조차 필요 없어요. 예술이 우리를 파고들고 우리는 언제나 저절로 다른 목적 없이 자동으로 그것을 봅니다. 이때 우리는 쉽게 몰입 상태가 되어, 눈앞의 사물에 온전히 주의를 집중합니다. 우리는 그것에 정신을 완전히 빼앗기고, 일반적으로 우리를 뒤흔들던 근심과 걱정, 쾌락, 기대와 두려움이 한동안 고요하게 가라앉습니다. 이것 역시 무아지경이라 할 수 있어요. 더는 자신의 관심사에 몰두하지 않으니까요. 그럼에도 자기 자신으로 머물러요. 자신을 소외시키는 상태와는 전혀 다릅니다. 재미 있지 않아요? 자기 자신을 잊어야 비로소 자기 자신에게 닿는 거예요.

그 이유는 우리가 이 순간에 세상을 객관적으로 보고, 현실이 우리 의 정신으로 들어오기 때문이에요. 우리는 그 현실 속에서 고향에 온 듯한 편안함을 느낍니다. 일반적으로 일상적이고 자기애적인 관심사 는 세상을 향하는 우리의 시선을 제한하고 왜곡합니다. 환상이라는 베일로 우리를 꽁꽁 묶고 싸매죠. 우리는 관련 없는 사람들을 그저 대 충 보거나 전혀 보지 않습니다. 반면, 두려워하거나 좋아하거나 뭔가 를 기대하는 사람들은 베일을 통해 봅니다. 그것도 색깔이 있는 베일 을 통해서요. 하지만 앞서 말한 무아지경 비슷한 상태에서는 이런 베 일이 벗겨집니다. 그래서 모든 것이 명료해지죠.

실제로 우리는 때때로 '사랑이 눈멀게 한다'고 말합니다. 그러나 사 실 사랑은 눈멀게 하지 않을 뿐 아니라, 오히려 '보게 만듭니다'. 누군 가를 사랑하면, 방금 말한 것처럼 우리는 얽어매는 에고와 에고의 요 구에서 벗어나 그 사람을 객관적이고 명료하게 봅니다. 사랑은 이런 특별한 유형의 주의 집중, 즉 예술에 깊이 빠져드는 것과 아주 비슷한 상태를 동반합니다.

그러나 다른 사람을 그렇게 보기란 쉽지 않아요. 무엇보다 우리는 그렇게 하기로 즉흥적으로 결정할 수 없기 때문이에요. 우리는 사랑 을 통제하지 못해요. 적어도 '직접적인' 통제는 불가하죠. 그러므로 사

랑은 절대… 아니, 이 얘기는 이미 했으니 이쯤에서 그만두는 게 좋겠네요. 다시 베일로 돌아가면… 이 베일은 벗기기가 쉽지 않아요. 베일처럼 보이지 않기 때문이죠. 그러므로 요컨대, 세상을 보는 우리의 시야에는 사각지대가 있고, 우리는 그 사각지대를 보지 못해요. 하긴, 그걸 볼 수 있다면 사각지대라고 불리지도 '않았겠죠'. 우리는 기본적으로 그런 사각지대를 모두 가졌지만, 그것이 존재하는 한 정확히 어디가 사각지대인지, 즉 무엇이 베일에 싸였고 왜곡된 색이 덧칠되었는지 몰라요.

그럼에도 우리는 뭔가를 할 수 있어요. 무기력하게 외부의 개입이나 일종의 깨달음을 그냥 기다리고만 있을 필요 없어요. 우리는 각자의 사각지대가 어디에 있는지 몰라요. 하지만 사각지대의 원인이 에고라는 건 알죠. 어떤 조건에서 에고가 안정되어 베일로 얽어매고 싸매기를 그만두는지 배운다면, 깨달음이 도약하도록 도울 수 있고 그렇게 '간접적으로' 영향을 미칠 수 있어요.

그리고 이때 미술뿐 아니라 좋은 음악과 문학 같은 예술이 큰 역할을 합니다. 관람자와 청중들은 예술작품에 몰입하는 순간에, 어떤 사물과 함께 있고 그것을 제대로 인식하는 기분을 느낍니다. 그런 식으로 우리는 몰입하는 각자의 방법을 익히게 됩니다. 위대한 예술작품을 자주 볼수록, 다른 상황에서도 이런 상태를 만들어내기가 더 쉬워지고 마침내 그것이 두 번째 본성이 되죠. 예술은 두말할 것 없이 우리를 근본적으로 바꿔놓습니다. 우리는 그것을 또한 사랑의 연습이라고 부를 수 있을 거예요."

"그럼, 이런 독특한 힘이 '왜' 예술에 있는 거죠? 준비나 연습 없이 갑자기 자기 자신을 잊게 하는 힘 말입니다!"

지그문트가 감탄하며 말했다.

"글쎄요, 적어도 '위대한' 예술이 그 자체로 깨달음의 산물이라는 사실과 관련이 있지 않을까요? 예술가는 깨달음의 순간에 인식한 것을 작품으로 표현해요. 예술은 단순화하지 않고 일반화하지 않고 추상화하지도 않아요. 설령 추상화하더라도 학문과는 '다르게' 하죠. 예술은 현실의 밀도와 각 상황의 복합성을 드러냅니다. 특히 다른 사람의 현실을 드러내죠. 그러니까 예술은 사랑에 빠진 사람의 시선과 같아요. 우리는 빛을 보고 몰려드는 나방처럼 현실에 이끌리기 때문에, 예술가의 시선을 좇고, 예술가의 초대에 기꺼이 응하여, 언젠가는 그들의 도움 없이도 사랑을 인식할 수 있어요." 아이리스가 설명했다.

임마누엘은 여전히 의자 끝에 꼿꼿이 앉아 주의 깊게 경청했다.

"아이리스 말에 따르면, 사랑은 이런 특별한 시선을 '동반'해요. 그것을 토대로, 사랑이 명료한 시각 그 이상이라고 추론해도 될까요? 명료한 시각과 더불어 어쩌면 열정도 사랑에 속할까요? 애인을 향한 열망도?" 아이리스는 결정을 내리지 못한 것 같았다. 그래서 임마누엘이 계속 말했다.

"나는 그저 열정과 자기를 잊은 상태, 그러니까 아이리스가 명료한 시각이라고 설명한 그런 상태가 어떻게 연결되는지 궁금합니다. 열망이 항상 자기중심적인 건 아니란 말인가요? 만약 그렇다면, 사랑에서 해소되지 않는 갈등은 없을 테죠? 한편에는 자기 망각이 있고, 다른 한편에는 자기애가 있고⋯."

"반드시 그런 건 아니에요." 아이리스가 천천히 대답했다.

"몰입 상태라고 해서 아무런 욕구가 없는 건 아니에요. 오히려 그 반대죠. 몰입 상태에서는 종종 눈앞의 사물이 실제로 얼마나 아름답고 좋은지가 먼저 보여요. 그리고 이런 몰입 상태에서는 일정, 일과, 경력 쌓기 계획, 의무 등의 일들이 매력을 잃어 그 어떤 것도 우리를 방해할 수 없으므로, 우리는 곧바로 열망으로 반응합니다. 열망이야말로 아름다움과 선함에 대한 가장 적절한 반응이기 때문이죠. 반면 자기중심적 욕망은 아름다움과 선함을 향하지 않고, 오히려 자신의 욕구만을 채우려 하죠. 오로지 자기 자신에게만 몰두하게 만드는, 모두가 아주 잘 알고 있는 욕구들. 베일을 짤 재료를 공급하는 욕구들."

"그러니까 적어도 두 종류의 열망이 있는 거군요. 객관적 시각의 열망과 에고의 자기중심적 열망. 전자를 '자기 망각'이라고 부르고 싶은 건가요?" 임마누엘이 상세하게 물었다.

"그것은 무엇을 '자기 망각'으로 보느냐에 달렸죠." 아이리스는 보이지 않는 원을 그리듯, 검지로 테이블을 쓰다듬었다.

: 8장 :

"완전히 자기를 잊는 열망이 있어요. 예를 들어 다른 사람의 안녕을 진심으로 배려하고 숨겨진 다른 의도 없이 순수하게 그 사람이 잘 지내기를 바랄 때죠. 그러나 객관적 시각의 열망이 반드시 '이런' 의미에서 자기를 잊는 건 아니에요. 어떤 사람을 열망하면 상대의 아름다움과 선함을 보기 때문에, 그런 사람은 자기 자신을 위해서도 뭔가를 원해요. 사랑하는 사람 곁에 가까이 있고, 계속 보고, 손으로 만지고 싶어 하죠. 그러나 이런 형식의 자기중심적 열망은 문제가 되지 않아요. 이런 열망은 시각을 왜곡하지 않으니까요. 이런 열망의 근원은 애인의 현실이지, 오직 자기 자신의 상처만을 핥고자 하는 에고가 아니에요. 그러므로 열망과 객관성이 반드시 서로 배제하는 건 아니에요."

"예술이 나의 시각을 명료하게 돕는다고 가정하면, 나는 이제 어떤 특정 사람을 객관적으로 보게 돼요. 하지만 내가 그 사람에게서 아름다움과 선함을 못 본다면, 명료한 시각만으로 무조건 사랑으로 귀결되진 않아요. 안 그래요? 그러니까 연습만으로는 안 돼요. 올바른 사람을 만나는 행운도 있어야 해요." 시몬이 명확히 지적했다.

"자, 들어보세요. 결국, '모든' 사람이 선하고 아름다워요."

아이리스가 확신에 찬 목소리로 대답했다.

"베일에 옭아매진 에고 뒤에는, 오늘 아침 토론했던 존엄성을 가진 존재, 대체 불가인 존재가 숨어 있어요. 그러므로 다른 사람을 보는 객관적 시각이면 사랑하기에 충분합니다. 명료함이 열망을 동반해요.

그래서 우리는 희망을 가득 안고 연습해도 돼요. 또한, 대다수가 사실은 다른 사람을 '사랑하고자' 해요. 대표적으로 부모가 그렇죠. 다시 말해, 우리가 역시 토론했듯이, 그들에게 사랑할 의무를 지울 필요 없어요. 물론 이론상으로 그런 의무에 반대되는 것이 전혀 없지만요. 설령 부모가 처음부터 자식에게 아무런 사랑도 느끼지 못하더라도, 그들은 의무와 별개로 저절로 연습하고 싶어집니다."

"에고만이 사랑의 장애물이 아님을 암시하는 거 아니겠습니까?"

아우구스티누스가 조심스럽게 물었다.

"자식을 기꺼이 사랑하고 싶지만 그런 감정을 전혀 느끼지 못하는 부모를 방금 상상해봤습니다. 이를테면, 출산 후 아기와 연결된 기분을 느끼지 못하고 그것 때문에 몹시 괴로워하는 산모. 이런 산모를 곧바로 자기중심적이라고 비난하는 것은 불공평하지 않습니까? 그것은 단지 우울감의 결과이고, 사랑하고자 하는 소망 자체가 이미 이기적이지 않다는 뜻 아니겠습니까?"

"푸우, 정말 어려운 질문이네요." 아이리스가 생각에 잠긴 듯 손가락으로 다시 원을 그리며 테이블을 긁었다.

"두 가지 대답을 생각해볼 수 있어요. 하나는, 에고의 베일에 싸여 있는 것이 언제나 우리 자신의 잘못은 아니에요. 우울감이 한 원인일 수 있어요. 두 번째 대답은, 이런 경우 사랑하려는 소망이 이미 사랑의 조용한 시작이 아닐까 생각해요. 산모는 자신의 아기가 사랑받아

마땅한 존재임을 이미 알아요. 그저 아직 이런 명료한 시각으로 아기를 일관되고 안정적으로 보지 못할 뿐이죠. 산모는 계속해서 두려움과 다른 감정들의 바다에 빠지고, 그 감정들 때문에 아기를 계속해서 명료한 시각으로 보지 못하는 거예요. 그러나 아기의 존재를 의식하고 사랑하고자 하는 것은 산모가 이미 아기를 바르게 보았다는 증거예요. 산모는 이미 자신의 사각지대를 알아요. 앞에서 말했듯이, 그것이 곧 사각지대의 종말이죠. 사각지대는 서서히 사라져요. 반드시….”

“그럼, 가능한 한 많이 사랑해야 한다는 건가요? 가능한 한 많이 명료하게 봐야 하는 거잖아요, 그렇죠? 늘 명료하게 본다면 제일 좋을 테고, 현실을 직시하는 것이 환상에 사로잡히는 것보다 당연히 더 낫고! 아이리스의 주장처럼 사랑과 명료한 시각이 그렇게 묶여 있다면, 결과적으로 우리는 가능한 한 많은 사람을 사랑해야 마땅한 거고요? 우리가 만나는 ‘모두를’ 사랑하는 것이 가장 이상적이겠네요. 이것이 바로 아이리스 이론의 기이한 결과 아닐까요?”

다시 지그문트가 물었다.

“왜 기이하다고 하시죠?”

아이리스가 되물으며 아무것도 모르겠다는 순진한 표정을 지었다.

“모든 사람은 사랑받을 자격이 있어요. 그러니 많은 사람을 사랑할수록, 좋죠. 물론 대다수의 보통 사람은 개개인 모두를 정말로 사랑할 능력이 없어요. 그런 사랑은 거룩한 성인들이나 할 수 있죠.”

일곱 명이 일제히 아우구스티누스를 보았다. 아우구스티누스가 침울한 표정으로 고개를 저었다.

"애석하게도 모든 성인이 그런 건 아닙니다…"

지그문트가 계속 파고들었다.

"하지만 사랑하지 않는 편이 더 나은 상황도 있어요. 좋지 않은 관계, 어쩌면 심지어 폭력적인 관계에 있다면, 어떨 것 같아요? 그런 상황이라면 사랑이 한 인간을 옥죄고 있는 거잖아요. 이런 경우 사랑을 버리는 것이 더 낫지 않을까요? 그런 상황을 대비해, '사랑을 버리는' 연습을 해야 하는 거 아닐까요?"

아이리스가 빠르고 단호하게 대답했다.

"관계를 유지하느냐 마느냐는 사랑을 해야 하느냐 마느냐와는 다른 문제에요. 그런 상황에서 한 사람을 '잡아두는 것'이 정말로 '사랑'이라고 생각하지 않아요. 사랑은 모두를 위해 선하고 옳은 것을 원하기 때문이죠. 그리고 폭력은 피해자와 가해자 모두에게 좋지 않아요."

"아이리스는 사랑을 아주 긍정적으로 보는군요… 마치 사랑하는 사람들은 절대 잘못을 저지를 수 없는 것처럼 말이죠."

지그문트가 믿을 수 없다는 듯 고개를 저었다.

"하지만 사랑하는 사람들 역시 당연히 잘못을 저지를 수 있어요. 단지 사랑이 '원인'이 아닌 거죠. 점심때 이미 말했었잖아요. 사랑만이 우리 안에 있는 유일한 동기가 아닙니다. 다른 동기들이 중간에 끼어

들어 우리의 주의를 다른 데로 돌립니다. 그래서 폭력도 생기는 거죠. '만에 하나' 사랑이 유일한 동기라면, 우리는 아마 절대 잘못을 저지르지 않을 겁니다. 그래서 우리는 사랑하고, 원하는 것을 하면 돼죠. 아우구스티누스의 말을 다시 한번 빌리자면, 사랑하라. 그리고 원하는 것을 하라! 아우구스티누스의 말이 전적으로 옳아요. 단지 충분히 확장하지 않았을 뿐이죠. 말하자면 이 말은 이웃사랑뿐 아니라 '모든 사랑'에 적용됩니다."

"확실히 해두기 위해 하나를 더 추가해야 할 것 같습니다! 사랑하라. '그 외에는 아무것도 하지 말라.' 그다음 원하는 것을 하라!"

막스가 제안했다.

"내 생각에, 지그문트의 말이 일리가 있는 것 같아요."

시몬이 다시 나섰다.

"사랑에는 또한 과한 측면도 있는 것 같아요. 사랑을 받는 사람의 입장이 되어보세요. 자신이 가장 사랑하는 사람으로부터 '특별한' 방식으로 사랑받기를 바라지 않겠어요? 자신이 다른 모든 사람을 똑같이 '사랑하지 않는' 것처럼 말이죠. 아니면 사랑하는 사람이 죽는다고 상상해보세요. 보통 사람들은 사랑하는 사람이 죽은 직후 곧바로 다른 사람과 사랑에 빠지지 않아요. 심장이 아직 준비가 안 되어, 그럴수가 없어요. 이런 휴지기가 있는 게 정당하지 않을까요? 심지어 요구되지 않나요? 사별 후 '절대' 다시는 사랑하지 않더라도, 그것 역시 이

: 8장 :

207

해할 만하고 완전히 정상이지 않을까요?"

시몬이 잠시 말을 멈춰 생각할 시간을 주었다. 아이리스가 대답에 뜸을 들이고 있었기 때문에 시몬이 덧붙였다.

"아니면, 우리가 다른 형식의 사랑을 염두에 두고 있어서 서로 동문 서답하고 있는 건가요?"

"그건 아닐 텐데…" 아이리스가 곰곰이 생각했다.

"나 역시 보통의 낭만적인 사랑, 부모의 사랑, 우정에 관해 얘기하는 거예요. 이런 사랑의 공통점이 무엇이고, '왜' 이 모든 형식의 사랑이 있는지 먼저 해명하는 것이 바로 내가 말했던 명료한 시각이에요. 그러니까 시몬의 이의제기는 옳았고, 나는 대답을 내놓아야 해요…

이건 어때요? 우리가 가능한 한 많은 사람을 사랑해야 한다는 생각에는 변함이 없어요. 그것이 내 이론의 결과니까요. 하지만 우리가 지금 당장 어떤 상황에 있고 우리가 사랑하는 사람이 어떤 사람이냐에 따라서, 당연히 사랑은 다양한 형식으로 존재해요. 아이에 대한 사랑과 어른에 대한 사랑을 우리는 당연히 다르게 표현해야 해요. 우리는 어떤 사람에게는 침실과 식량을 공유하는 방식으로 사랑을 표현하지만, 어떤 사람에게는 어느 정도 거리를 두고 사랑을 표현해요. 그러므로 애인이 특별한 까닭은 우리가 그 사람을 다른 사람보다 더 사랑해서가 아니라, 특별히 친밀하고 내밀한 방식으로 사랑을 표현하기 때문이죠."

"그럼 애도 사례는 어떻게 설명할 거죠?"

"애도 사례 역시 마찬가지예요. 사랑하는 사람을 애도할 때, 휴지기가 필요한 것은 사랑 자체가 아니라 단지 그 사람과의 친밀성이에요."

아이리스는 머뭇거렸다.

"만족한 대답이 되었나요?" 아이리스는 확신이 없는지 시몬을 계속 빤히 보았다. 시몬이 막 대답하려는데, 쇠렌이 말문을 열었다.

"사랑은 결코 연습할 수 없습니다."

쇠렌은 말을 더듬으며 적합한 낱말들을 찾았다.

"자기 망각은 실제로 사랑에 중요해요. 자기 망각을 연습하는 것은 오로지 사랑을 위한 '준비'죠. 그것은 사랑을 연습하는 것과는 다릅니다. 만약 사랑을 연습할 수 있다면, 이른바 사랑 기술이 있어야 하잖아요? 우리를 사랑… 그래요, '사랑 전문가'로 만들어주는 그런 기술이요. 그런 전문가는 다른 사람들보다 체계적으로 사랑을 더 잘하고, 더 나아가 또한 누가 누구를 사랑하게 될지 예측도 할 수 있을 겁니다… 하지만 그런 전문가는 존재하지 않고 그런 예언도 할 수 없어요. 이것이 생각할 거리를 줍니다. 사랑은 선물이에요. 우리가 받을 준비를 할 수도 있고 하지 않을 수도 있는 선물. 사랑은 기술이 아니에요."

"받을 준비를 했는데도 선물을 받지 못하고 빈손으로 갈 수도 있을까요?"

임마누엘이 물었고, 아이리스는 임마누엘의 질문이 경고였는지 아

니면 자신이 그저 착각한 것인지 곰곰이 생각했다.

"흠… 아니에요. 준비를 한 사람은 이미 선물을 받았다는 걸 막연하게나마 알아요. 그는 자기 안에서 자라나는 사랑을 느끼죠. 준비 자체가 이미 사랑에 대한 대답입니다." 쇠렌이 말했다.

"그러니까 쇠렌의 말에 따르면, 사랑은 정말로 순전히 운이네요? 한쪽에는 연습이 있고 다른 한쪽에는 운이 있고, 그 양극 사이에는 아무것도 없어요? 나는 가끔 사랑의 알약을 상상해요. 원할 때 언제든지 사랑을 만들어내는 약이 있다면 모든 것이 훨씬 간단할 텐데 말이죠. 그러면 복잡한 사랑기술을 개발하지 않아도 되고, 힘든 연습도 피할 수 있을 테고, 모든 걸 운명에 맡기지 않아도 될 테고…"

시몬이 한숨을 내쉬었다.

"오, 주여!"

아우구스티누스가 양손을 머리 위로 올려 맞잡았고, 쇠렌 역시 깜짝 놀란 얼굴을 했다. 막스가 화를 냈다.

"사랑의 알약?! 시몬, 정말 가끔 보면 너무 낭만을 몰라요."

"농담이었어요! 진지하게 한 말이 아니라고요! 하지만 여러분의 반응을 보니 이제 정말 흥미가 생기네요. 사랑의 알약을 왜 그토록 끔찍이 비난할 만한 일로 여기죠? 쇠렌을 제외한 모두가 아이리스의 생각, 그러니까 사랑을 연습하고 통제할 수 있다는 의견에 완전히 동조했잖아요. 사랑의 알약도 연습과 똑같은 효과를 낼 테고, 그 효과가 그저

더 쉽고 빠르게 나겠죠. 게다가 그런 알약이 있다면, 우리는 모든 사람을 사랑할 수 있기 위해 굳이 성인이 되지 않아도 돼요!"

"그런 알약은 과연 어떻게 작용하게 될까요? 이미 얘기를 나눴듯이, 사랑은 뇌에서 일어나는 특정한 화학작용과는 달라요…."

임마누엘이 곰곰이 생각했다.

"하지만, 설령 사랑이 화학작용과 일치하지 않더라도 혹시 화학적으로 사랑을 만들어낼 가능성은 열어두었죠. 그리고 사실 이런 세부사항은 중요하지 않아요. 나의 질문은, 그런 알약의 현실성 유무가 아니라, '버튼'을 눌러 사랑을 만드는 상상이 왜 그토록 기이하냐, 그거예요. 여기서 '버튼'이 정확히 무엇이냐는 상관없어요."

시몬이 명확히 말했다.

'사랑의 묘약'은 그렇게 비현실적이지 않다. 최신 연구에 따르면, 사랑에 중대한 역할을 하는 호르몬을(4장에서 다룬 호르몬) 특정한 약물로 강화할 수 있다. 이미 옥시토신이 코에 뿌리는 스프레이 형태로 생산되고, 잘 알려졌듯이 엑스터시(MDMA)가 도파민 분비를 높일 수 있다. 장기적인 사랑을 보장할 알약은 아직 없지만, 신경윤리학자 앤더스 샌드버그(Anders Sandberg) 같은 과학자들은 그것을 시간문제로 본다. 화학적으로 사랑에 개입하는 것을 어떻게 평가할지는 당연히 논란의 여지가 많다. 참고문헌 목록에 추가 자료들이 있다.

"그렇다면, 사랑받는 사람의 특정한 마음 상태를 사랑으로 보는 것과 관련이 있지 않을까요? 사랑받는 사람은 사랑이 통제되는 걸 절대 '원치 않아요'. 아무튼 버튼으로 통제되는 사랑은 원치 않아요. 확언컨대, 우리는 사실 사랑이 결국 진실이고, 현실을 기반으로 하길 원해요. 사랑하기에 무엇이 또는 누가 좋을지에 대한 상상이 사랑의 기반이길 원치 않아요." 임마누엘이 의견을 밝혔다.

"생각 놀이를 약간 더 확장해볼까요? 우리가 버튼을 눌러 언제나 정확히 올바른 사람을 사랑하게 된다면 어떨까요? 그러면 버튼을 눌러 언제나 진실을 믿게 되는 것과 똑같지 않나요?" 시몬이 계속했다.

"하지만 인간은 올바른 사람을 사랑하고자 합니다. 아이리스의 표현을 그대로 쓰자면, 인간은 그 사람이 얼마나 선하고 아름다운지 '보니까요'. 즉 그 사람이 왜 그토록 사랑할 가치가 있는지 이해하기 때문이죠. 그리고 그것은 확신과 똑같아요. 우리는 진실 그 이상을 원합니다. 우리는 진실을 '이해'하고자 해요." 임마누엘이 주장했고, 오랫동안 가만히 있던 소크라테스가 이 지점에서 격하게 끄덕이며 외쳤다.

"동감, 완전 동감이야!"

"그럼, 늘 똑같이 버튼에 반응하여, 왜 애인이 올바른 사람인지 또는 왜 자신의 신념이 진리인지 이해한다고 상상해보세요. 아무런 작업 없이도 명료함이 즉시 생기겠죠. 더 바랄 게 있을까요?"

시몬이 외쳤다. 목소리에 살짝 짜증이 섞여 있었다.

모두가 조용히 있었다. 막스만이 주먹을 내리쳤다.

"헛소리! 우리는 몸과 마음으로, 육체와 영혼을 가지고 과정에 동참하고자 합니다. 사랑하지 않는 곳에서 사랑하는 곳으로 넘어가는 과정, 무관심에서 이해로 또는 어둠에서 빛으로 넘어가는 과정!"

"맞습니다!" 지그문트가 거들었다.

"이 과정은 비록 부분적으로 수고스럽지만 분명 쾌락과 연결되어 있어요. 그리고 우리는 이런 특별한 쾌락 경험을 잃게 될 겁니다."

"사랑을 연습하거나 준비한다면, 우리는 또한 과정을 진전시키는 주체가 되는 겁니다. '우리'는 우리 자신의 이야기를 쓰는 작가입니다. 그것 역시 우리에게 중요합니다. 자신의 힘을 펼치고 쓰는 것은 좋은 일입니다… 활동 그 자체가 신성합니다."

아우구스티누스가 깊이 생각했다. 시몬은 이 말에 감동하여 얼른 펜을 들어 메모했다. 아이리스 역시 동의했다.

"맞아요. 우리는 스스로 에고를 극복해야 해요."

"어쩌면… 사랑의 알약은 오늘날과 잘 맞을지도 모르겠네요!"

막스가 심술궂은 표정을 지었다.

"모든 것이 빨라야 해요. 안 그러면 사람들은 어디로 가야 할지 몰라요. 바야흐로 데이팅 앱의 시대니까요! 푸하하!"

그런 다음 막스는 배에 손을 올리고 큰소리로 외쳤다.

"배가 고파요! 저녁은 언제 먹습니까?"

◆ Freud

◆ Augustinus ◆

◆ Beauvoir ◆

◆ Socrates ◆

◆ Kant ◆

◆ Scheler ◆

◆ Murdoch ◆

◆ Kierkegaard ◆

9장

데이팅 앱 —
사랑의 완판?

참가자들은 데이팅 앱과
사랑의 상업화를 토론한다

임마누엘이 벌떡 일어섰다.

"저런, 저런. 배가 고파서야 쓰나. 막스, 조금만 참아요. 얼른 준비할게요! 그때까지 올리브와 과자로 허기를 좀 채우고 있어요."

"도와드릴까요?"

지그문트가 물었고, 임마누엘이 고개를 저었다. 그럼에도 아이리스는 손뼉을 치며 외쳤다.

"부엌으로 출발! 다 같이 가요."

손님들이 일제히 일어서 기차놀이를 하듯 아이리스의 뒤를 줄줄이 따랐다. 아우구스티누스가 맨 마지막으로 천천히 계단을 내려가며 투덜댔다.

"아이고, 무릎이 또 말썽이군…"

그러나 이번에는 도움을 청하지 않았다. 부엌에 도착하자 임마누엘이 아우구스티누스를 의자로 안내했다.

"우리가 재료를 손질하는 동안, 여기 앉아서 우리를 즐겁게 해주세요. 감자 그라탕 어때요?"

부엌은 금세 활기찬 기운으로 가득 찼다. 그릇을 꺼내는 덜그럭 소리, 서랍에서 칼 찾는 소리, 소크라테스는 앞치마까지 챙겨 입었다. 아우구스티누스가 포도주병을 새로 땄고, 요리하던 사람들은 잠시 쉴 때 또는 어떤 채소를 손질해야 할지 몰라 서성일 때 잠깐씩 포도주를 홀짝이며 올리브를 집어먹었다. 쇠렌은 열심히 샐러드 채소를 씻었다. 푸른 잎사귀가 가득한 그의 손에서 물줄기가 길게 흘러내렸다.

"소크라테스, 스마트폰을 잠깐 빌릴 수 있을까요?"

아우구스티누스가 청했다.

"우리랑 얘기를 나눠야지, 지금 인터넷 서핑은 안 돼요!"

시몬이 경고했다.

"그 데이팅 앱이란 걸 좀 살펴보고, 여러분한테 뭔가를 얘기해줄 생각이었습니다." 아우구스티누스가 설명했다.

"재밌을 것 같지 않습니까?"

"아이고…" 막스가 신음을 뱉었다.

"생각만 해도 지루하네요."

"막스, 특히 당신은 사회학자이기도 하니, 분명 흥미로울 텐데요?!"
아우구스티누스가 놀란 듯 눈썹을 올렸다.

"내가 보기에 이 앱들은 그냥 이 시대의 불량품에 불과해요. 이미
말했듯이, 자본주의 시장경제로 사랑을 통제하려는 졸렬한 시도죠."

"막스는 언제나 성급하게 판결을 내리는 경향이 있어요. 그런 앱의
도움을 받는 데이트와 전통적인 데이트가 그렇게 다를까요? 뭐가 문
제죠? 데이팅 앱의 어떤 점이 '특별히' 자본주의적인데요?"

감자를 깎던 시몬이 물었고, 얼굴에 붙은 머리카락을 입으로 불어
떼어냈다.

"그만, 그만. 일단 살펴봅시다."

아우구스티누스가 진정시켰다. 소크라테스가 아우구스티누스에게
스마트폰을 건넸고, 아우구스티누스가 검색창에 어렵사리 '데이팅 앱'
을 입력했다. 두 사람은 스마트폰 안으로 들어갈 듯이 허리를 잔뜩 숙
인 채 한동안 옥신각신 토론을 벌였다. 마침내 앱 하나가 열렸다.

"회원가입을 해야 하는군!"

두 사람이 합창하듯 설명했다.

"등록하려면 사진도 있어야 하는데… 자원할 사람?"

아무도 나서지 않자, 소크라테스가 얼른 스마트폰을 들어 샐러드 그
릇을 들고 있는 쇠렌을 향해 재빠르게 셔터를 눌렀다. 쇠렌이 깜짝 놀
라 저항하다 하마터면 샐러드 그릇을 떨어트릴 뻔했고, 얼굴은 물론

목덜미까지 새빨개졌다.

"미안, 쇠렌. 자네는 인물이 좋아, 어떻게 찍어도 사진이 잘 나오니까…" 소크라테스가 사과했다.

"금방 다시 지울 거야."

쇠렌이 식식대며 말렸지만, 소크라테스와 아우구스티누스는 이미 사진을 올렸다.

"이거 봐! 사진이 기가 막히게 잘 나왔잖아! 이제 소개 글을 써야지. '안녕하세요. 쇠렌입니다. 저는 아주 개방적인 사람입니다. 코펜하겐에 살지만, 베를린을 아주 잘 압니다….'"

"좋습니다, 아주 좋아요. 그런 소개 글이 항상 효과가 좋습니다!"

아우구스티누스가 끄덕였다. 소크라테스가 계속 썼다.

"'…지금은 쾨니스베르크에서 지내고 있어요. 글쓰기와 독서를 즐기고…' 더 쓸 게 있나?"

"글쓰기와 독서라고요? 너무 고리타분해요. 당장 지워요!"

시몬이 몸서리를 치며 외쳤다.

"차라리 몽상을 즐기는 밤 부엉이라고 쓰는 게 낫지 않아요?"

아이리스가 싱긋 웃었다.

"그래, 그래. 지금 막 그렇게 쓰고 있어. 자, 이제 다음으로 넘기자!"

소크라테스가 흥분하여 엉덩이를 좌우로 흔들었다. 첫 번째 여자 사진이 화면에 떴고, 소크라테스는 부엌을 한 바퀴 돌며 모두에게 사진

을 보여주었다.

"왼쪽! 착!"

"아니, 오른쪽으로 밀어야지! 예쁜데! 레기네와 닮았어!"

"약간 히스테리가 있어 보이는데…"

지그문트가 말했다. 사람들이 웅성거리는 동안, 쇠렌의 눈에 살짝 눈물이 고였다. 그는 사람들을 등지고 서서 커다란 양상추 잎을 잘게 찢었다.

쇠렌 키르케고르는 레기네 올센(Regine Olsen)과 1년간 약혼 관계였다. 두 사람은 진지하게 서로를 사랑했지만 그럼에도 키르케고르는 약혼을 깼다. 정확한 이유는 여전히 밝혀지지 않았다. 레기네는 당시 겨우 열여섯이었고 키르케고르는 스물다 섯이었다. 파혼으로 둘은 몹시 괴로워했다. 레기네가 나중에 다른 남자와 약혼했을 때, 키르케고르는 깊은 상처를 받았다. 그의 사상과 저서에서 레기네는 여전히 중요 했다. 키르케고르는 누구와도 다시 약혼하지 않았다.

"매칭이 되었어!"

소크라테스가 마침내 집이 떠나갈 듯 외쳤다.

"그리고 한 명 더! 그리고 또… 와, 이럴 수가! 쇠렌, 자네 인기가 대단한데!"

"잠깐 대화를 나눠볼까요?" 지그문트가 제안했다.

"여기 이 사람이 좋을 것 같아요. 철학에 대해 잘 알 것처럼 생겼어요. 혹시 오늘 저녁 식사에 초대할 수도 있을까요?"

"잠깐, 이건 그냥 시험 삼아 해보는 거였습니다. 어떤 느낌인지 대충 알아보려고!" 아우구스티누스가 경고했다.

"자, 신사 숙녀 여러분, 데이팅 앱을 잠깐 경험해 봤는데, 첫인상이 어땠습니까?"

"전체 과정이 끔찍하게 빠른 것이 아주 인상적이네요."

아이리스가 냉장고에 기대서서 시작했다. 지그문트는 스마트폰을 빼앗아 화면을 계속 넘겼다.

"왼쪽 또는 오른쪽, 어디로 넘길지를 단 몇 초 안에 결정하고, 채팅을 시작한 당일에 또는 최대한 빨리 만나고, 이런 속도라면 첫 번째 만남 때 사랑에 빠지더라도 전혀 놀랍지 않을 것 같네요. 상대가 자신의 기대와 일치하는지, 성공전망이 얼마나 높은지, 아주 빠르게 판단한 뒤 그 사람을 바로 후보자에서 탈락시키거나 아니거나 해요. 분명 선택할 수 있는 후보자가 아주 많기 때문일 거예요. 선택지가 넓으니, 어딘가에 완벽한 후보자가 있고, 충분히 열심히 앱을 이용하면 그 후보자를 찾아내 모든 것이 완벽하게 들어맞는 매칭에 성공할 수 있을 것 같은 인상을 줘요. 더 나은 후보가 기다리고 있는데, 완벽해 보이지도 않고 알아나가는 수고도 들여야 하는 누군가의 곁에 오래 머물

이유가 없겠죠. 내가 무슨 말을 할 수 있겠어요. 이런 축지법 모드는 내가 이미 얘기했던 몰입, 즉 사랑에 매우 중대한 몰입과 당연히 정반대에요. 물론 모두의 예상과 달리 순식간에 또는 자주 만나면서 서서히 몰입 상태에 빠지는 것이 아예 '불가능'하지는 않아요. 하지만 그럼에도 이런 앱이 다른 사람에게 몰입하는 것을 전반적으로 어렵게 할까 걱정은 되네요. 이런 빠른 모드에 한번 발을 들이면, 거기에서 벗어나기가 쉽지 않기 때문이죠. 사랑의 시간 계산법은 달라요."

"같은 생각이에요. 그것은 마치 어떤 대형 마트에 있는 것과 같아요. 수천 가지 상품 중에서 올바른 상품을 골라야 하죠."

막스가 외쳤다. 그는 조용히 있고 싶었지만, 자꾸 재채기가 났다. 옆에서 임마누엘이 후추를 갈고 있었다.

사회학자 에바 일루즈(Eva Illouz)는 저서 《사랑은 왜 끝나나(Warum Liebe endet)》에서 데이팅 앱을 통한 만남을 '가능한 효율적으로 부적합한 후보를 솎아내는 면접'으로 묘사한다. 이때 저자는 특히 외모 평가가 얼마나 빨리 진행되는지 보여주는 연구들을 인용한다.

아우구스티누스가 넘겨받았다.

"아이리스, 몰입 상태에서 에고의 베일이 벗겨지고 그래서 객관적으로 본다는 당신의 주장을 시작으로 우리는 논쟁을 펼쳤습니다. 그렇다면, 이런 앱이 에고를 강화하고, 결국 베일이 더욱 두껍게 우리의 눈을 가릴까요? 당신의 주장대로, 단지 베일이 몰입을 방해하기 때문에?" 아우구스티누스가 물었다.

"흠… 곧바로 베일을 탓하고 싶진 않아요."

아이리스가 대답했다.

"하지만, 그래요, 그런 위험이 분명 존재한다고 생각해요. 빠른 속도 때문만은 아니에요. 데이팅 앱이 우리의 시야를 흐리게 가리기 때문이기도 해요. 만약 소크라테스가 내 사진을 찍었더라면, 나는 쇠렌처럼 얌전히 있지 않고 곧바로 사진을 확인하려 했을 거예요. 그다음 사진이 예쁘게 잘 나왔는지, 옷을 갈아입고 더 그윽한 시선으로 더 섹시하게 미소를 지으며 다시 찍는 게 나을지 깊이 고민하겠죠. 이 사진은 말하자면 다른 앱 사용자를 유인할 미끼 같은 거니까요. 앱을 자주 사용할수록, 나는 더 자주 나 자신과 이미지에 대해 깊이 생각할 거예요. 다른 사용자의 눈으로 나를 보려고 애쓰겠죠. 그들의 마음이 아니라 그들이 나를 어떻게 볼지 이해하려 애쓸 테고, 그들의 눈에 매력적으로 보이게 하려고 애쓰겠죠. 데이팅 앱은 불안과 두려움을 가진 내 에고에게는 확실히 탁월한 물건이에요. 하지만 데이팅 앱은 사랑을 키우는 데 도움이 되기보다는 오히려 해로워요."

아우구스티누스가 아이리스에게 동의했다.

"이런 앱이 내게 독이 될까, 두렵습니다!" 그가 털어놓았다.

"이런 앱에 중독되면, 나는 아마 사랑에 대해 더는 깊이 생각하지 않고, 사랑을 그저 다른 사람을 유혹하는 일종의 스포츠로 여길 겁니다. 젊었을 때 나는 그쪽으로 탁월한 재능을 보였었지요. 섹스에는 중독성이 있습니다. 특히 초기의 긴장감과 관련이 아주 많기 때문일 것입니다. 다른 사람의 항복으로 승리를 거두고, 스스로 강하고 매력적이고 활기차다고 느낍니다. 그리고 평소 가려져 있어 보지 못했던 자신의 감정 세계를 잠깐 보게 됩니다. 스치듯 지나치는 두 별처럼, 찰나의 약한 결합을 경험하는 것입니다."

"아우구스티누스, 왜 그걸 독이라고 하시죠? 데이팅 앱에서는 언제 어떻게 왜 서로 만나는지가 완전히 열려 있어요. 거기에 뭔가 장점이 있지 않을까요? 우리는 진정한 사랑을 찾을 수 있어요. 하지만 또한 그저 섹스를 위해 또는 하룻저녁 데이트를 위해 만날 수도 있어요. 이런 만남에는 뭔가 해방감 같은 게 있어요. 이런 데이트에는 규범이 거의 없고, 그래서 좋지 않은 사회적 관습에서 벗어날 수 있어요. 이론적으로 그것은 여성이 성적 미성숙에서 벗어나는 데 도움을 줄 수 있을 거예요…."

시몬이 곰곰이 생각했다. 아이리스가 회의적인 표정을 지었다.

"나는 그럴 가능성이 없다고 생각해요."

아이리스가 말하고, 올리브 씨를 뱉어냈다.

"사실 여성은 여전히 섹스의 '주체'가 아니라 대상으로 여겨지고, 소녀들은 성적으로 미성숙하게 길러져요. 나는 이것을 시몬에게서 배웠어요. 애석하게도 그것은 현재에도 크게 달라지지 않았어요. 남성뿐아니라 여성도 의식적으로 또는 무의식적으로, 여성의 가치가 무엇보다 남성을 위한 매력으로 측정된다는 관념을 가지고 있는 한, 데이팅앱은 여성 해방에 아무 도움도 주지 않을 거라고 확신해요. 오히려 여성 해방을 가로막아요. 이런 앱 때문에 특히 여자들이 자신의 이미지를 예민하게 걱정하고, 어쩌다 외면당하면 불안감을 느껴요. 그리고남자들은 계속 여자들의 외모에 관심을 두고 사냥꾼처럼 가능한 한많은 여자를 잡으려 하죠."

뒤로 갈수록 아이리스의 목소리가 점점 더 커졌고, 결국 그녀 스스로 자신을 놀렸다.

"어머머, 내가 왜 이러지? 포도주를 너무 많이 마셨나 봐요. 하하하!나는 사회적 관습을 깨는 데 완전히 '찬성'이에요. 자유로운 사랑을 지지해요. 다만, 이 앱에는 해방이 없다고 믿어요."

시몬이 깊이 생각한 후, 대답했다.

"오케이, 아이리스 말이 맞아요. 사회적 변화는 다른 방식으로 작동해요. 특정 역할 이미지가 머리에 일단 박히면, 그것을 바꾸는 법과규칙만으로는 그것에서 벗어날 수 없어요. 물론 그것이 첫 단계이긴하지만, 문제는 '외적 강요만'이 아니에요. 남녀평등을 법으로 보장한

: 9장 :

다고 해서 그것이 성차별의 종말을 뜻하진 않아요. 우리는 진지한 사회적 토론과 계몽, 교육을 통해 내면의 편견을 서서히 깰 수 있어요."

"맞아요." 아이리스가 의견을 더했다.

"그래서 퀴어 커뮤니티에서는 이런 앱이 아마 큰 문제가 아닐 거예요. 그들은 '어차피' 성 역할과 성별에 대해 이미 다른 가치관을 가졌으니까요."

시몬이 고개를 끄덕이고, 다시 감자에 집중했다. 그때 쇠렌이 코맹맹이 소리로 말했다.

"이 앱은 정말 끔찍하네요!" 쇠렌이 눈을 비볐다.

"이 앱이 자아상을 심하게 왜곡하는 게 보이지 않으세요? 인간은 자신의 신체뿐 아니라 신념, 호감, 욕구 같은 내적 가치관 역시 항상 다른 사람의 시선으로 봅니다. 이것이 이미지에 추가되고, 그 이미지는 다른 사용자의 눈에 매력적으로 보여야 해요. 그래서 일반적으로 호감을 받고 세련되다고 여겨지는 가치관에 동의하고, 자신이 진실이라 여기는 것을 감추고, 그것이 항상 감춰지진 않기 때문에 애써 부정하기도 하고요. 결국 자신의 가치관과 진실 추구의 감각을 점점 잃게 됩니다. 아주 위험한 일이죠!"

"쇠렌을 유혹하고자 하는 사용자는 아무튼 이 앱을 좋아할 거예요."

지그문트가 후식으로 먹을 쿠키들을 큰 접시에 담으면서 말했다.

"여러분은 모든 걸 너무 진지하게 여기는 경향이 있는 것 같아요.

앱이 있든 없든, 데이트를 위해서는 어차피 위험을 무릅써야 해요. 유혹 게임은 어차피 우리를 유혹에 빠트릴 수 있어요. 다른 사람을 유혹하며 즐거움을 얻지만, 또한 스스로 유혹에 빠질 수 있다는 것을 모두 명확히 알아야 해요. 그러니까 상대를 정복하기 위해 자신의 감정을 가짜로 꾸미면서, 동시에 그 사람에 대한 진지한 감정을 발달시키거나 자신을 개방하게 되는 거죠."

"동지들, 유혹당하는 걸 그렇게 겁낼 필요 없어."

소크라테스가 부엌 테이블에 둘러선 사람들에게로 몸을 돌렸다.

"누군가에게 유혹되어 자신의 영혼에 있는 영원한 이데아를 떠올려 사랑에 빠지는 것은 사실 가장 좋은 일이지. 누군가를 유혹하면서 스스로 아무것도 느끼지 못한다면, '그 사람이야말로' 패배자야. 하지만 오늘 아침에 내가 이미 설명했듯이, 그는 자신이 유혹한 사람을 보는 순간 무릎을 꿇게 돼. 유혹당한 사람의 눈에서 사랑을 확인하는 순간, 그 역시 영원한 이데아를 상기하게 되기 때문이야. 기억나지? 그렇게 두 사람 모두 승리자가 되는 거야.

데이팅 앱에서 내가 걱정하는 건, 그것이 특별히 좋은 '유혹 수단'이 아니라는 점이야. 사진이 얼마나 잘 나왔는지와 상관없이, 인간은 다른 사람을 사진으로 유혹하지 않아. 아무튼, 사진으로는 다른 사람을 '사랑에 빠지게' 유혹할 수 없어. 사랑으로 이끄는 것은 무엇보다 대화야. 무작위로 나누는 대화가 아니라 가장 중요한 물음을 다루는 철학

적인 대화에서 사랑이 싹트지. 철학적인 대화에서만 다른 사람의 아름다움이 드러나거든. 우리는 정신적인 존재이고 그래서 결국 정신적인 도전 과제 그리고 정신적인 흥분의 표현인 제스처와 움직임에만 관심을 보여. 육체는 정신을 표현할 때 비로소 관심을 받아. 껍질은 금세 관심 밖으로 밀려나.”

“하지만 데이팅 앱은 대화를 허락하고, 더 나아가 대화하도록 초대하지 않습니까?” 지그문트가 지적했다.

“그리고 사람들은 종종 사진 한 장 때문에 대화에 참여하죠. 사진 속 얼굴에서 흥미를 느끼거나 뭔가를 상기시키는 정신적 자극을 발견하기 때문에 사진 속 인물에게 호감을 느낍니다. 이 과정은 대개 무의식적으로 진행되죠. 어떤 사진에서 특별한 매력을 느끼더라도 그 이유를 확실히 모를 때가 종종 있어요. 다른 방식의 만남에서도 마찬가지죠. 예를 들어, 술집에서 누군가를 만나더라도 똑같아요. 어떤 사람에게서 매력을 느끼고 또 어떤 사람에게서는 매력을 느끼지 못하죠. 그리고 왜 그런지 종종 명확하지 않아요. 물론, 우리의 어머니와 아버지들과 관련이 많은데….”

“하지만 술집은 대형 마트가 아니에요!”

막스가 커다란 양파를 힘주어 썰었다.

“물론 데이팅 앱과 비교하면 술집은 어쩌면 구멍가게와 같을 수 있어요. 하지만 그것 역시 상점은 상점이죠. 그렇다면 데이트에서도 자

신의 잠재성을 최대한 좋은 조명 아래에 두고 시간 낭비가 아님을 어필하여 다른 참여자들의 관심을 받는 것이 중요해요. 데이팅 앱이라고 해서 근본적으로 다를 게 있을까요?"

지그문트는 흔들리지 않았다.

"그래요. 그리고 사실 데이팅 앱이 아직은 술집보다 약간 더 안전해요. 매칭이 되고 양쪽 모두 관심을 보여야 비로소 대화가 시작되니까요." 시몬이 지그문트를 거들었다.

"규모에서 '아마' 차이가 날 거예요."

막스가 주장했고 코를 문질렀다. 양파 때문이었다.

"대형 마트의 거대한 선택의 폭 때문에 각각의 상품이 하찮게 보일 수 있어요. 쉽게 대체될 수 있고 금세 쓰고 버리는 물건들이죠. 오트밀이나 샴푸를 고르는 거라면 괜찮을 수 있지만, 사람이라면 괜찮지 않아요. 우리가 이미 상세히 토론했듯이, 사랑은 애인의 대체 불가성을 인정해요. 그리고 앱의 도움으로 만나 사랑에 빠진 연인이라도 당연히 마찬가지예요. 그럼에도 데이팅 앱에서는 그 과정이 힘들어요. 우선 상대가 쉽게 대체될 수 있어 보이기 때문에 마침내 대체 불가한 존재로 여기기까지 오래 걸릴 수 있어요. 그때까지는 뭔가를 놓칠 수 있다는 불안감에 더 나은 선택을 위해 계속 다음 화면으로 넘기죠. 나는 아이리스와 같은 생각입니다. 데이팅 앱은 사랑에 빠지는 과정에 날개를 달기보다는 방해합니다."

: 9장 :
♡

"어쩌면 데이팅 앱 사용자들 대다수에게는 사랑이 그렇게 중요하진 않을 겁니다."

임마누엘이 오븐을 열고 가운데 칸에 그라탕을 넣었다.

"바로 그렇기 때문에 그들은 여러 면에서 사랑과 어울리지 않는 매체를 선택한 것이죠. 만약 그들이 섹스보다 더 중시하는 게 있다면, 그것은 아마 '제 기능을 하는 관계'일 겁니다. 사랑은 그런 관계의 필요조건일 수 있지만, 필수 조건은 아닙니다. 관계는 무엇보다 즐거움을 줘야 하고 각각의 집단과도 잘 맞아야 해요. 어쩌면 자유 시민으로 살기 위한 기반도 제공해야 하죠. 또한, 외로움도 잊게 해야 하고. 다른 말로 표현하자면, 이런 종류의 관계는 자유로운 형식의 정략결혼과 유사해요. 가족이 아니라 당사자가 결혼 상대를 결정하지만, 정략결혼과 마찬가지로 조건에 맞춰 사람을 만나고, 이때 사랑이 항상 중요한 역할을 하진 않아요. 낭만주의자가 보기에 그런 관계는 무의미하죠…" 임마누엘이 미소를 지었다.

"그나저나, 낭만주의자들은 도대체 어디에 있어요? 초대 안 했어요?" 막스가 물었다.

"당연히 초대했죠! 슐레겔스, 라헬, 베티나, 카롤린… 그들이 어디에 있는지 나도 궁금하네요. 하지만 사실 그들은 언제나 조금씩 늦으니까, 기다려봅시다."

임마누엘이 체념하듯 어깨를 으쓱해 보였다. 그리고 덧붙였다.

"데이팅 앱에서 내가 걱정하는 건 사실 완전히 다른 겁니다. 여러분들 중 몇몇은 데이팅 앱의 무규칙성을 좋아하거나 최소한 그것에 문제를 느끼지 않아요. 하지만 나는 바로 그 점이 걱정입니다. 사람들은 이 앱을 온갖 목적에 사용할 수 있고, 그런 점이 참여자들에게 불안감을 심어줍니다. 사람들은 나에게 정확히 뭘 원할까? 섹스만 바랄까? 아니면 관계? 아니면 사랑? 그리고 '나는' 솔직히 무엇을 원할까? 이런저런 생각들로 불안해요. 모두가 솔직하게 얘기하고 합의를 이루지 않는 한, 데이팅 앱은 금세 성폭력으로 이어질 수 있어요. 데이팅 앱이 무조건 섹스를 위한 의도적인 유혹이라고 생각하진 않아요. 점심때 이미 언급했듯이, 섹스가 도덕적으로 허용되려면, 언제나 계약이 필요해요. 계약 당사자들은 자신의 의도를 솔직하게 밝혀야 하고, 양측 모두 똑같이 섹스의 대상이자 주체여야 합니다. 반대로, 규칙이 없고 상대의 의도를 모르는 상황에서는 한쪽만 섹스의 대상으로, 해소를 위한 수단으로 전락할 수 있어요. 그것은 인간의 존엄성에 반합니다. 우리는 서로를 수단으로 이용해서는 절대 안 됩니다!"

2018년 스웨덴에서 한 법이 통과되었다. 그 법에 따르면, 합법적으로 성관계를 갖기 위해서는 말이나 몸짓으로 동의 의사를 명확히 밝혀야만 한다. 이 법은 임마누엘의 계약이론과 완전히 일치하지는 않지만 비슷한 방향을 가리킨다.

"침대로 가기 전에 항상 계약을 먼저 체결해야 한다면, 분명 모든 흥미와 재미가 사라지고 말 겁니다! 그것이야말로 정말 낭만과 거리가 멀지 않나요?"

지그문트가 숨을 크게 내쉬었다.

"흥미와 재미보다 존엄성이 훨씬 중요합니다. 그리고 서로를 수단으로 이용하는 것이야말로 낭만적이지 못한 겁니다!"

임마누엘이 갑자기 흥분해서 받아쳤고, 잠시 침묵이 흘렀다.

"자자, 이쯤에서 중간 결론을 내려봅시다."

아우구스티누스가 침묵을 깨기 위해 끼어들었다.

"데이팅 앱은… 오 맙소사, 온통 부정적인 것만 생각이 나는군요. 진행이 너무 빠르다, 기준이 피상적이다, 다른 사용자를 대형 마트의 대체가능한 상품처럼 보게 된다, 남용을 방지할 규칙이 없다, 사회적 변화에 공헌하지 않는다… 이게 전부입니까? 빠트린 게 있을까요?"

"여러분은 정말이지 염세주의적 비판쟁이들이에요!"

시몬이 툴툴댔다.

"여러분의 말이 대부분 맞을 수 있어요. 하지만 누군가를 만날 기회가 없는 외로운 사람에게 그런 앱이 얼마나 고마운 축복인지를 한번 깊이 생각해보세요. 예를 들어 외딴 마을에 살아서 영혼의 친구를 만나지 못하는 사람, 다른 사람들이 술집을 들락거릴 때 항상 밤늦게까지 일해야만 하는 사람, 아파서 침대에만 누워 있어야 하는 사람, 또는, 또는."

"외로움이라…"

아우구스티누스가 눈을 감고 조용히 말했다.

"… 정말 괴로운 일입니다. 외로운 사람들에게 평화가 있기를."

시몬이 오븐을 열고 외쳤다.

"다 되었어요? 자 이제 저녁 먹읍시다!"

그때 초인종이 울렸다.

Freud

Augustinus

Beauvoir

Socrates

Kant

Scheler

◆ Murdoch ◆

◆ Kierkegaard ◆

10장

필요한 건 오직
사랑뿐

쇠렌 키르케고르는 데이트 약속이 있고,
아이리스 머독은 속으로
그날의 토론 내용을 요약한다

늘씬한 여자가 부엌으로 들어와 조용히 주위를 둘러봤다. 눈이 초롱초롱 빛났다. 그러나 이따금 거의 알아차릴 수 없게 초점이 흐려졌고, 그것이 더 초월적인 인상을 자아냈다.

'초점 잃은 눈. 감춰진 내면.'

지그문트가 생각했다. 그는 적당한 단어를 찾고 있었다. 쇠렌은 굳은 듯 여자를 빤히 보았고, 다른 사람들 역시 여자에게서 눈을 떼지 못했다. 여자는 그런 반응을 예상했다는 듯 느긋하게 사람들의 시선을 즐겼다. 그리고 천천히 임마누엘 쪽으로 몸을 돌렸다. 임마누엘은 여자에게 현관문을 열어주고 부엌으로 앞서 들어가도록 길을 열어준 뒤, 막 뒤따라 들어오던 참이었다.

: 10장 :

239

"부엌이 참 예쁘네요." 여자가 미소지었다.

"디오티마!"

소크라테스는 바닥에 발이 붙은 사람처럼 부엌 테이블 뒤에 꼼짝 않고 서 있었다.

"나랑 매칭된 사람이 쇠렌이지 뭐예요."

디오티마가 한껏 들뜬 목소리로 설명했다.

"나는 그저 쇠렌의 초대에 응했을 뿐이에요."

"지그문트? 그래 그래! 지그문트가 전화기를 들고 있었어… 지그문트가 초대한 게 틀림없어요!"

쇠렌은 너무 놀라서 말까지 더듬었다.

"나는… 나라면… 그런 끔찍한 앱을 결코… 아닙니다! 나는… 당신을… 다른 상황에서… 만나길… 원했어요. 나는… 그러니까… 어쨌든… 만나서 영광입니다!"

처음으로 쇠렌의 얼굴에 행복의 기운이 스쳤다.

"저녁 드시고 갈 거죠?"

소크라테스가 물었다. 더 나은 질문이 생각나지 않은 것 같았다. 그는 평소 쉽게 당황하는 사람이 아닌데, 지금은 테이블 아래에서 무릎이 덜덜 떨렸다.

디오티마는 그러겠노라 대답했고, 다 같이 쟁반과 샐러드 그릇을 챙겨 식사실로 돌아왔다. 임마누엘이 디오티마에게 의자 하나를 밀어주

었고, 모두가 자리에 앉아 저녁을 먹기 시작했다. 여기저기서 대화가 시작되어 왁자지껄 산만해졌다가 다시 한 사람에게 집중되기를 반복했다. 여러 친구가 모인 향연의 자리처럼 분위기가 달아올랐다.

소크라테스와 디오티마는 머리를 맞대고 쉬지 않고 뭔가를 긴히 얘기했다. 쇠렌은 수줍게 두 사람 옆으로 다가가 그들이 자기 쪽을 볼 때까지 조용히 기다렸다. 아우구스티누스가 지그문트에게 귓속말을 했다.

"디오티마가 정말로 실존 인물이었군요. 세상에!"

그리고 지그문트가 대꾸했다.

"데이팅 앱에서 디오티마의 사진을 봤을 때, 처음에는 내 눈을 의심했다니까요. 하지만 정말로 디오티마가 거기서 태양처럼 환하게 웃고 있지 뭡니까. 우리 모두처럼 실존 인물이었어요."

지그문트가 어깨를 으쓱했고, 아우구스티누스는 이 상황이 여전히 믿기지 않는 듯 고개를 저었다.

테이블 한쪽 끝에서 진정성에 관한 토론이 시작되었다. 사랑에서 나온 행위는 자기 자신의 표현이므로 진정성이 있고, 자율성은 원래 진정성으로 이루어졌다는 의견들이 오갔다.

"자기 자신을 표현한다는 게 무슨 뜻일까요? 여러분은 이 '자기 자신'이 누구라고 생각합니까?" 임마누엘이 물었다.

"아무튼, 사랑은 우리를 창의적으로 만들어요."

: 10장 :

241

디오티마가 불쑥 끼어들었다.

"에로스는 창의력을 가진 신으로, 자기 자신을 버리지 않고 쉽게 포기하지도 않아요. 에로스는 세상을 바꾸고자 하는 모두를 돕습니다."

"그게 무슨 뜻이죠?" 시몬이 캐물었다.

"은유 없이 말하자면, 사랑은 세상을 더 낫게 만드는 데 도움이 된다는 건가요?"

"나 역시 이제는 그렇게 생각해요!"

임마누엘이 외쳤다.

"오늘날 이미 널리 퍼져 있는 생각이기도 하고. 사랑은 특정 인물에게 초점이 맞춰지면서 시작되지만, 결과적으로 시야가 넓어집니다. 주의 깊은 사람은 다른 사람에게서도 애인의 모습을 봅니다. 사랑은 정의를 생각하게 하는 동력이에요."

모두가 동시에 입을 열어 목소리가 뒤죽박죽으로 겹쳤다. 시몬이 가방에서 담배를 꺼내 들고 지적했다.

"동지 여러분! 정치 얘기로 넘어가버렸어요."

아이리스는 갑자기 몹시 피곤해져서 아무도 모르게 조용히 다락방으로 올라갔다. 침대에 누워 다리를 쭉 뻗었다. 밖은 어두워진 지 오래였다.

"내일은 눈이 오겠어…."

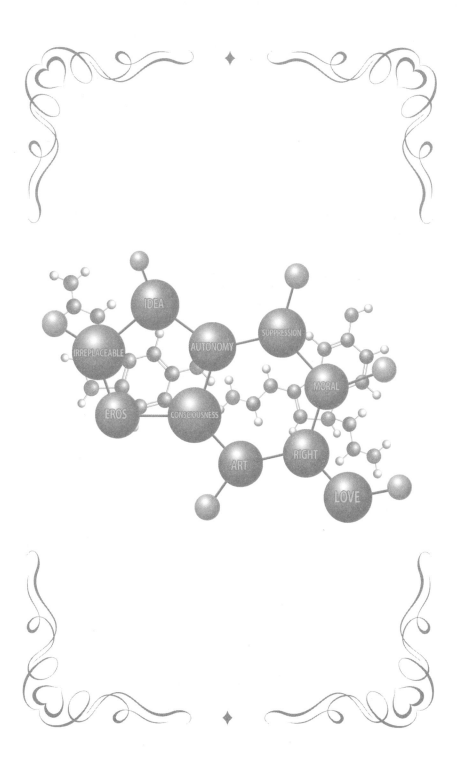

아이리스는 눈을 감은 채 생각했다. 그리고 오늘 하루 토론했던 여러 주제를 거슬러 오르며 머릿속으로 메모를 시작했다.

"소크라테스가 주장하기를, 영혼에 이미 깃들어 있지만 단지 잊고 있었던 영원한 이데아를 상기시키는 사람을 우리는 사랑하게 되고, 사랑을 받는 애인은 지혜를 향해 가는 여정에서 우리를 도와준다고 했어. 그다음 막스가 나섰지. 애인이 기본적으로 지혜라는 목적을 위한 수단에 불과하다면, 애인의 대체 불가성을 해명할 수 없다며, 소크라테스의 주장을 반박했어. 그리고 저마다 해결책을 제안했는데… 그게 뭐였지?"

아이리스는 고심했다.

"그래! 사랑이 뭔지에 대해 얘기했어. 사랑은 정신적 표현이야. 사랑은 뇌에 든 호르몬 칵테일에 불과한 게 아니야. 그렇다고 애인이 가진 좋은 특징 때문에 사랑이 싹트는 것도 분명 아니야. 지그문트가 주장하기를, 사랑은 충동이라고 했어… 에로스 충동. 나는 사랑을 '보는 것'이라고 말했지. 흠흠. 그런 다음 로봇 얘기가 나왔고, 인간이 과연 로봇을 사랑할 수 있을까에 관해 얘기했어. 사랑할 수 있으려면 의식이 있어야 한다는 데 모두가 합의했지. 하지만 정말 의식만 있으면 될까? 아니면 뭔가 더 필요할까? 인간이 로봇을 사랑할 수 있으려면, 로봇에게 사랑할 능력이 있어야만 할까? 그런데 사랑할 능력은 어디에 있지? 특정하기가 쉽지 않았어."

아이리스는 계속 생각하면서 발목을 돌렸다.

"그다음 우리는 사랑과 자율성 또는 사랑과 행복에 대해서도 다뤘어. 사랑이 행복을 줄까, 아니면 우리의 자율성을 해칠까? 둘 다일 수는 없잖아. 시몬이 말했듯이 자율성은 행복의 일부니까. 내게 깨달음을 준 발언이었지… 소크라테스가 자율성에 대한 흥미로운 생각 몇 가지를 말했는데… 그게 뭐였더라…."

아이리스는 자리에서 일어나 가방에서 공책과 볼펜을 꺼내왔다. 손에 볼펜을 쥐니, 세부사항을 떠올리기가 더 쉽게 느껴졌다.

"아하! 그래 그다음 아우구스티누스가 사랑의 도덕성을 걱정했어. 독점적 사랑! 그런 사랑에서는 애인만을 불공평하게 우선시하기 때문에 사랑이 도덕적으로 문제가 있지 않을까, 걱정했지. 그리고 이웃사랑은 뭔가 다르다고… 그가 말했어. 하지만 쇠렌은, 모든 사랑에 이웃사랑의 불꽃이 들어 있다고 주장했어. 나중에 임마누엘과 나는 사랑의 권리를 토론했지. 임마누엘은 사랑을 연습할 수 있다고 보았고 그래서 사랑의 의무 같은 것도 있을 거라는 아이디어를 받아들이는 것처럼 보였어. 나는 예술에 관해 말했고, 사랑을 연습하는 데 예술이 어떤 도움을 주는지 설명했어. 하아, 그건 즉흥 강의나 마찬가지였어. 내가 무슨 말을 하고자 했는지 아마 다들 이해했을 거야."

아이리스는 다시 눈을 감고 베개에 등을 기댔다.

"그리고 데이팅 앱!" 웃음이 절로 났다.

"가엾은 쇠렌… 디오티마가 실존 인물일지 누가 생각이나 했겠어. 하지만… 사실 나는 늘 그렇게 생각했었어."

하품이 났다. 계단 쪽에서 웅성거리는 소리가 들렸다.

"꼭 가셔야겠어요?"

쇠렌이 묻는 소리가 들렸다. 살짝 불평이 묻어났다.

"디오티마는 원래 오래 머무는 법이 없지… 하지만 걱정하지 마, 언제나 다시 오니까."

소크라테스가 쇠렌을 위로했다. 잠깐 조용했다가 소크라테스의 목소리가 다시 들렸다.

"여기, 디오티마의 번호야."

쇠렌이 기뻐하며 고마워했다.

아래에서 문이 닫혔다. 아이리스는 누군가 다시 계단을 올라와 식사실로 가는 소리를 들었다. 이제 임마누엘의 목소리가 들리는 것으로 볼 때, 발소리의 주인공은 임마누엘이었던 것 같다.

"여러분은 더 머물다 가실 거죠? 할 얘기가 아직 많이 남았어요. 이제 막 시작했잖아요! 원하는 만큼 오래 있다 가세요. 아예 영원히 가지 않으면 더 좋고요."

잠시 후 음악 소리가 울려 퍼졌고, 의자 끄는 소리, 웃음소리가 집안을 가득 채웠다. 막스가 큰소리로 노래를 따라 불렀고, 아우구스티누스가 외쳤다.

"나랑 춤출 사람?"

"임마누엘, 내 사랑…"

아이리스가 잠결에 싱긋 웃었고 치아로 박자를 맞췄다.

"All you need is love…"

감사의 글

열한 살 때, 내게는 철학자 친구가 있었다. 이름은 비토리오(Vittorio)였다. 비토리오는 가족끼리 아는 친구로 철학과 교수였는데, 주말마다 우리를 방문했다. 플라톤의 이데아가 궁금해 《소피의 세계》를 탐독 중이라는 내 얘기를 듣고 어느 날 그가 편지 한 통을 보냈다. 편지에서 그는 우연히 들른 어떤 카페를 소개했는데, 그곳에서는 전 시대의 모든 철학자가 모여 토론을 벌였다. 나는 답장을 보내, 나 역시 토가를 입은 신비한 남자를 만나 친구가 되었다고 전했다. 그렇게 계속 편지가 오갔다. 비토리오는 카페에서 철학자 친구들을 만났고, 나는 공원이든 기차역이든 내가 머무는 그곳에서 철학자들을 만났다. 어떤 면에서 보면 이 책은 이런 만남의 후속편이나 마찬가지다.

사랑하는 사람들의 지지와 훌륭한 두 편집자가 없었더라면, 나는 이 책을 결코 쓸 수 없었을 터이다. 그러므로 나는 이 자리에서 그들에

게 감사를 전하고 싶다. 이 책의 기획 아이디어에 유용한 조언을 주고 시간과 사랑을 아낌없이 준 앤디(Andy), 코르델리아(Cordelia), 그리고 부모님, 기획단계부터 함께 하며 미리 읽어봐주고 기운을 북돋아 주었던 편집자 안야 핸셀(Anja Hänsel)과 마르틴 쿨릭(Martin Kulik). 함께 일할 수 있어서 너무나 행복했습니다!

이 책을 나의 아들 에마누엘(Emanuel)에게 바쳤는데, 나는 아들이 태어난 첫해에 이 책을 썼기 때문이다. 아들이 잠들었을 때나 내 품에 안겨 놀 때 나는 글을 썼다. 그리고 무엇보다 눈에 넣어도 아프지 않을 만큼 아들을 사랑하기 때문이다. 우리는 이제 수많은 동요를 알고, 내가 피곤해하면 아들이 얼마나 서운해할 수 있는지도 잘 안다. 그리고 우리는 평생 지금 같기를 소망한다. 사랑이란 그런 것이다. 사랑은 모든 것을 바꿔놓는다.

참고문헌

이 책에 등장하는 철학자들의 대표작

플라톤:
뤼시스
향연
파이드로스

아우구스티누스:
고백록(397-401)
독백록(386)
기독교 교양(397)

임마누엘 칸트:
도덕형이상학 정초(1785)
실천이성비판(1788)
도덕형이상학(1797)

쇠렌 키르케고르:
이것이냐 저것이냐(1843)
사랑의 역사(1847)

지그문트 프로이트:
성욕에 관한 세 편의 에세이(1905)
쾌락 원리의 저편(1920)

막스 셸러:
윤리학에 있어서 형식주의와 실질적 가치윤리학(1913-1916)
공감의 본질과 형식(1923)

시몬 드 보부아르:
애매성의 윤리학(1947)
제2의 성(1949)

아이리스 머독:
선의 군림(1970)
Acastos: Two Platonic Dialogues(1986)
Metaphysics as a Guide to Morals(1992)

그 외 참고문헌들

플라톤의 사랑의 대화에 관한 에세이

Nussbaum, Martha, 1986: *The Fragility of Goodness – Luck and Ethics in Greek Tragedy and Philosophy*, Cambridge University Press

Horn, Christoph (Hrsg.), 2012: *Platons Symposion*, Akademie Verlag (소크라테스가 2장에서 제시한 몇 가지 논제는 플라톤의《향연》에 살을 붙인 것이다.)

사랑과 대체 불가성에 관한 문헌

Velleman, David, 1999: *"Love as a Moral Emotion"*, in Ethics, Vol. 109/2

Kolodny, Niko, 2003: *"Love as Valuing a Relationship"*, in Philosophical Review, 112/2

Frankfurt, Harry, 2004: *The Reasons of Love*, Princeton University Press

Jollimore, Troy, 2011: *Love's Vision*, Princeton University Press

아우구스티누스의 사랑론에 관한 문헌

Arendt, Hannah, 2018: *Der Liebesbegriff bei Augustin: Versuch einer philosophischen Interpretation*, Frankfurt a. M.: Meiner

사랑과 생물학에 관한 문헌

Fisher, Helen, 2004: *Why We Love: The Nature and Chemistry of Romantic Love*, New York: Henry Holt & Co

Jenkins, Carrie, 2017: *What Love Is and what it could be*, New York: Basic Books

지그문트 프로이트와 리비도에 관한 문헌

Lear, Jonathan, 1999: *Love and its Place in Nature – A Philosophical Interpretation of Freudian Psychoanalysis*, New York: Yale University Press

Lear, Jonathan, 2015: *Freud, London: Routledge*

신생아의 사회성에 관한 문헌

Stern, David N., 2019: *The Interpersonal World of the Infant – A View from Psychoanalysis and Developmental Psychology*, London: Routledge

: 참고문헌 :

튜링 테스트에 관한 상세 정보

Oppy, Graham and Dowe, David, "The Turing Test", *The Stanford Encyclopedia of Philosophy* (Spring 2019 Edition), Edward N. Zalta (ed.), https://plato.stanford.edu/archives/spr2019/entries/turing-test/

인간과 로봇의 사랑에 관한 문헌

Wennerscheid, Sophie, 2019: *Sex Machina*, Berlin: Matthes & Seitz

사람과 사물의 차이에 관한 문헌

Nida-Rümelin, Martine, 2006: *Der Blick von Innen*, Frankfurt a. M.: Suhrkamp

Honneth, Axel, 2015: *Verdinglichung*, Berlin: Suhrkamp

사랑과 자율성에 관한 문헌

Kreft, Nora, 2018: "Love and Autonomy", in Grau, C., Smuts, A. (Hrsg.), *The Oxford Handbook on the Philosophy of Love*, Oxford: Oxford University Press

사랑과 윤리, 특히 호수 사례에 관한 문헌

William, Bernard, 1981: "Persons, Character, and Morality", in *Moral Luck*, Cambridge: Cambridge University Press

Wolf, Susan, 2012: "One thought too many: Love, Morality, and the Ordering of Commitment", in U. Heuer & G. Lang (Hrsg.), *Luck, Value, and Commitment: Themes from the Ethics of Bernard Williams*, Oxford: Oxford University Press

Setiya, Kieran, 2014: "Love and the Value of a Life", in *Philosophical Review*, 123/3

사랑의 권리에 관한 문헌

Liao, S. Matthew, 2015: *The Right to be Loved*, Oxford: Oxford University Press

사랑과 아동발달에 관한 심리학 연구

Kristiansson, Bengt, and Fallstrom, Sven P., 1987, "Growth at the Age of 4 Years Subsequent to Early Failure to Thrive", *International Journal of Child Abuse and Neglect* 11/1.

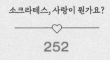

Carlson, Elizabeth A., and Sroufe, L. Alan, 1995, "Contribution of Attachment Theory to Developmental Psychopathology", in *Developmental Psychopathology*, ed. Dante. Cicchetti and Donald K. Cohen, New York: Wiley

Bos, Karen et al., 2011, "Psychiatric Outcomes in Young Children with a History of Institutionalization", *Harvard Review of Psychiatry* 19/1.

Luby, Joan L., et al., 2012, "Maternal Support in Early Childhood Predicts Larger Hippocampal Volumes at School Age", *Proceedings of the National Academy of Sciences* 109/8

아이리스 머독의 사랑론에 관한 문헌

Milligan, Tony, 2013: "Love in dark times: Iris Murdoch on openness and the void", in *Religious Studies*, Vol. 50/1

Setiya, Kieran, 2013: "Murdoch on the Sovereignty of Good", in *Philosophers Imprint*, 13

'사랑의 알약'에 관한 문헌

Earp, Brian D., 2019: "Love Enhancement Technology", in C. Grau & A. Smuts (Hrsg.), *Oxford Handbook on the Philosophy of Love*, Oxford: Oxford University Press

사랑, 자본주의, 데이팅 앱에 관한 문헌

Illouz, Eva, 2012: *Warum Liebe web tut*, Berlin: Suhrkamp

Was ist Liebe,
Sokrates?

소크라테스, 사랑이 뭔가요?

초판 1쇄 인쇄 2021년 5월 10일
초판 1쇄 발행 2021년 5월 17일

지은이 노라 크레프트
옮긴이 배명자
펴낸이 정용수

사업총괄 장충상 본부장 윤석오
편집장 박유진 책임편집 박유진 편집 김민기 정보영
디자인 김지혜
영업·마케팅 정경민 양희지
제작 김동명 관리 윤지연

펴낸곳 ㈜예문아카이브
출판등록 2016년 8월 8일 제2016-000240호
주소 서울시 마포구 동교로18길 10 2층(서교동 465-4)
문의전화 02-2038-3372 주문전화 031-955-0550 팩스 031-955-0660
이메일 archive.rights@gmail.com 홈페이지 ymarchive.com
블로그 blog.naver.com/yeamoonsa3 인스타그램 yeamoon.arv

한국어판 출판권 © ㈜예문아카이브, 2021
ISBN 979-11-6386-070-9 03160